「社会のしくみ」と聞くと、なんだかむずかしくて、自分にはかんけいがないと思えるかもしれません。でも、そんなことはないのです。みなさんの毎日のくらしも、じつはさまざまな社会のしくみに支えられています。しくみがうまくいかないと、みなさんもこまってしまうことになります。

この本では、家、学校、町など、みなさんのみぢかなところから、さまざまな社会のしくみをしょうかいしています。家や教室で、または町を歩いているときに、なにか気になったことがあったら、この本をひらいてみてください。

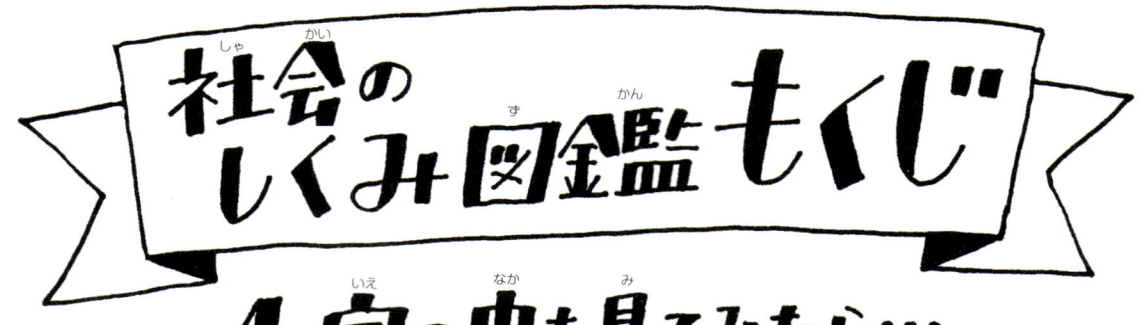

社会のしくみ図鑑もくじ

1 家の中を見てみたら…

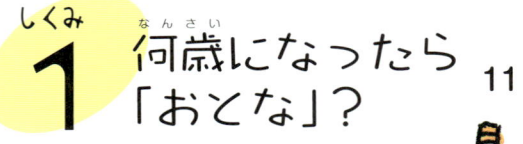
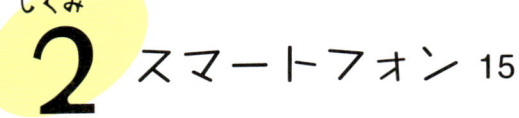

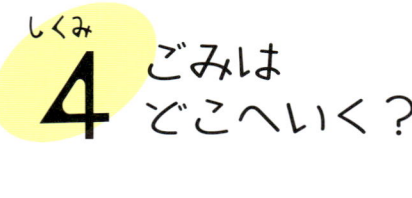
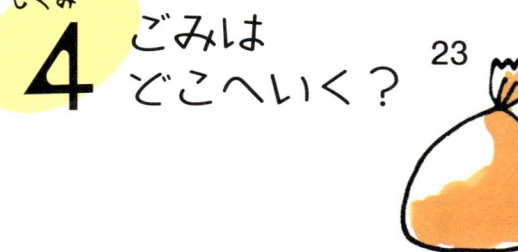

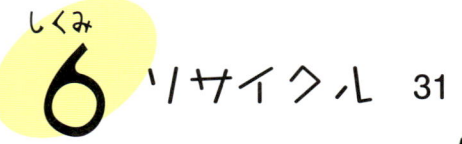

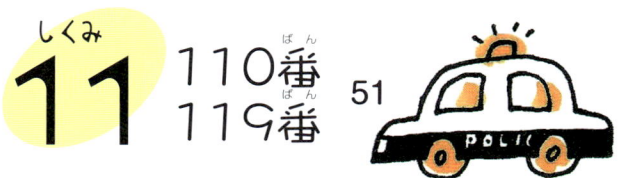

2 学校の教室で

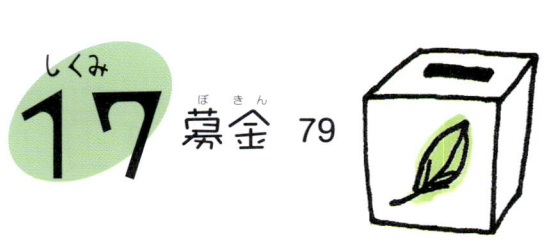

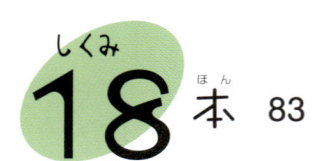
3 町に出かけてみよう

 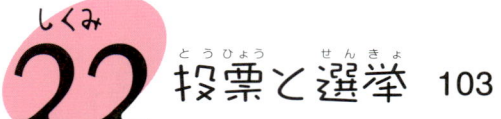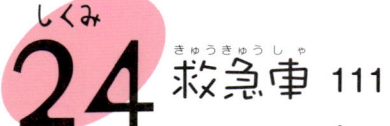

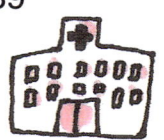

1 家の中を見てみたら…

　みなさんがくらしている家の中を見まわしてみてください。

　あたりまえのように使っている電気や水道。おいしいごはんやおかず。なにげなくすてるごみ。

　これらは、とくに気にもかけない、ふつうのことのように思えますが、じつはいろいろなしくみのうえにできあがっているのです。

　日本の料理や、さまざまな情報を知らせてくれる新聞・テレビは、長い年月をかけて、いまのようなかたちになりました。

　電気、水道、ガス、それに宅配便などは、いろいろな人びとの手や施設をへて、家までとどけられています。

　どうしてそうなるのか、よく考えてみたら、わからないことがたくさん出てきます。

　家は、外にひろがる大きな社会を考える出発点です。

　家の中から、さまざまなしくみを考えてみましょう。

しくみ 1 何歳になったら「おとな」？

わたしたちがほんとうに「おとな」になるのは、いつなのでしょうか？

しっかり してますよねー

はたらいてるから

高校を卒業して大学生になったおねえさんは「学生」で、仕事をはじめたおにいさんは「社会人」とよばれています。ふたりとも、とてもおとなっぽいのですが、ほんとうの「おとな」なのでしょうか？　どんなふうになったら、何歳になったら、ほんとうの「おとな」なのでしょうか？　学校を卒業したら？　18歳になったら？　「成人式」をむかえたら？それとも、はたらきはじめたら、「おとな」なのでしょうか？

「子ども」でも、大きくなるにつれて「乳児」「幼児」「児童」「学生」など、よびかたがいろいろ変わっていきます。何歳になったらなんとよばれるのか、またほんとうの「おとな」になるのはいつなのか、日本の法律やきまりごとを見てみましょう。

生まれてから「おとな」になるまで

選挙で投票する、自分の名前でいろいろな契約をむすぶなど、自分で「きめる」ことができる人が「おとな」です。

0歳 ～ 小学校入学 ｜ 乳幼児

- 生まれるまえ（お母さんのおなかの中にいるとき）や、生まれてすぐは、「赤ちゃん*」
- 生まれてから1歳になるまでは「乳児」
- 1歳から小学校入学（6歳）までは「幼児」
- 小学校に入るまでに幼稚園、保育園、子ども園に通うと、「園児」ともよばれる

*乳児をふくむこともある

6歳 ～ 12歳 ｜ 児童

- 小学校や特別支援学校小学部などに通う
- 「学童」ともよばれる
- 電車やバスは「子ども料金」

12歳 ～ 15歳 ｜ 生徒

- 中学校や特別支援学校中学部などに通う
- 電車やバスは「おとな料金」（ただし、通学定期券には、学生割引がある）

15歳 ～ ｜ 生徒・社会人

- 高等学校（全日制、通信制、定時制高校）や特別支援学校高等部など、または高等専門学校*（高専）に通い学ぶ
- 専修学校高等課程に通いはたらく準備をする
- はたらく
- 高校に通いながらはたらく
- 16歳でバイク（自動二輪）の免許がとれる

小学校・中学校は義務教育

- 学校教育法や労働基準法で、6歳から15歳のあいだは、はたらかないで学校に通うときめられている*（教育をうけさせるのは、親など保護者の義務）。

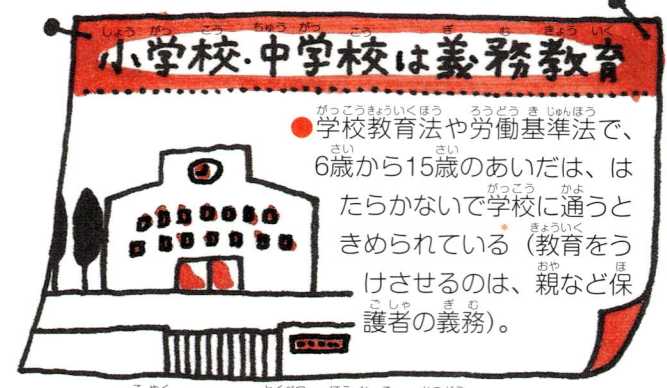

*テレビの子役などは、特別に放課後の活動がみとめられる

*5年または5年半

12

法律では、18歳になると「おとな」とみとめられます。

18歳　成年

- ●選挙で投票ができる
- ●自分で自由に契約などをむすぶことができる
- ●結婚することができる
- ●自動車（普通自動車）運転免許がとれる

※しくみ22「投票と選挙」（103ページ）も読んでみよう

19歳　学生

- ●大学や専門学校に通い、自分で選んだ分野の、くわしい知識や技術を身につける

19歳　社会人

- ●はたらいて給料をもらう

20歳　学生・社会人

- ●国民年金に加入する
- ●お酒をのんだり、たばこをすったりしてもいい
- ●競馬などの公営競技でギャンブルをしてもいい

「児童」「少年」の年齢は法律によってちがう

「児童」「少年」などのことばが何歳までをさしているのかは、法律によってちがっている。

- ●少年法の「少年」は、20歳未満*
- ●児童福祉法の「児童」は、18歳未満
- ●労働基準法の「年少者」は、18歳未満
  「児童」は、15歳の3月31日まで
- ●子どもの読書活動の推進に関する法律の「子ども」は、おおむね18歳以下の者

「青年」は？

ふつうは、高校生・大学生をさすことが多い。青年海外協力隊や、町の商店会の青年部などでは、30代・40代をふくむことがある。

＊ただし18、19歳は特定少年としてあつかいがことなる

18歳 =「おとな」？

むかしの日本では、「おとな」とみなされる年齢は地方によってさまざまで、10代前半くらいから、もうおとなとされることも多くありました。江戸時代には、男の子がおとなになる年齢を14歳としていたこともあります。いまの日本の法律では、男女ともに18歳をおとな（成年）としています。

奈良時代の「元服」（成人式）は、男の子が11歳から17歳くらいのあいだにおこなわれた

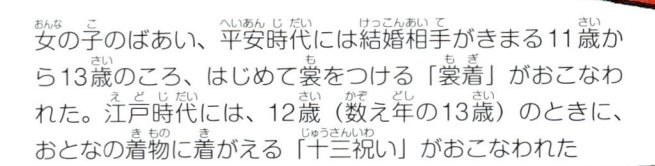

女の子のばあい、平安時代には結婚相手がきまる11歳から13歳のころ、はじめて裳をつける「裳着」がおこなわれた。江戸時代には、12歳（数え年の13歳）のときに、おとなの着物に着がえる「十三祝い」がおこなわれた

「未成年」（「成年」＝「おとな」になるまえ）のときには、親など保護者のゆるしがなければできないことがたくさんあります。そして、18歳の誕生日をむかえて「成年」になると、いろいろなことを自分できめてもいいとみとめられます。まわりの人も、「18歳をすぎた人は、自分で考える力をもった、りっぱなおとなだ」とみています。
なんでも自分のすきにしていいように思われますが、こまったときには人にたよらず、自分でそれを解決しなければならないということです。
ほんとうの「おとな」になるには、よく考えて自分できめる力を身につけることがたいせつです。

スマートフォン

スマートフォンは小さなコンピューターです。

　略して「スマホ」とよばれているスマートフォン。小さいけれど、1台でたくさんのことができます。たとえば、メッセージの送受信、電話、ゲーム、買いもの、写真をとる、ウェブサイトの情報を見る、自分がどこにいるのかを知るなど、まさに多機能です。
　このようにスマホを便利に使うのに欠かせないのが、コンピューターに作業をさせるためのアプリと、コンピューターどうしをつなぐインターネットです。いまでは人が住む場所ならほぼどこでも、スマホで電話をし、インターネットに接続することができます。

スマートフォンは電話＋コンピューター

アプリ

アプリのおかげでいろいろなことができます。

スマートフォンは電話のついた小さなコンピューターだ。「アプリ」といわれるソフトウェアを組みこむことで、ゲームやスケジュール帳など、さまざまな機能をもつことができる

インターネット

インターネットに接続すれば、さらにいろいろなことができます。

インターネットを使えば世界中のコンピューターとつながり、メッセージの送受信、ウェブサイトの情報を見る、検索など、さらにいろいろなことができるようになる

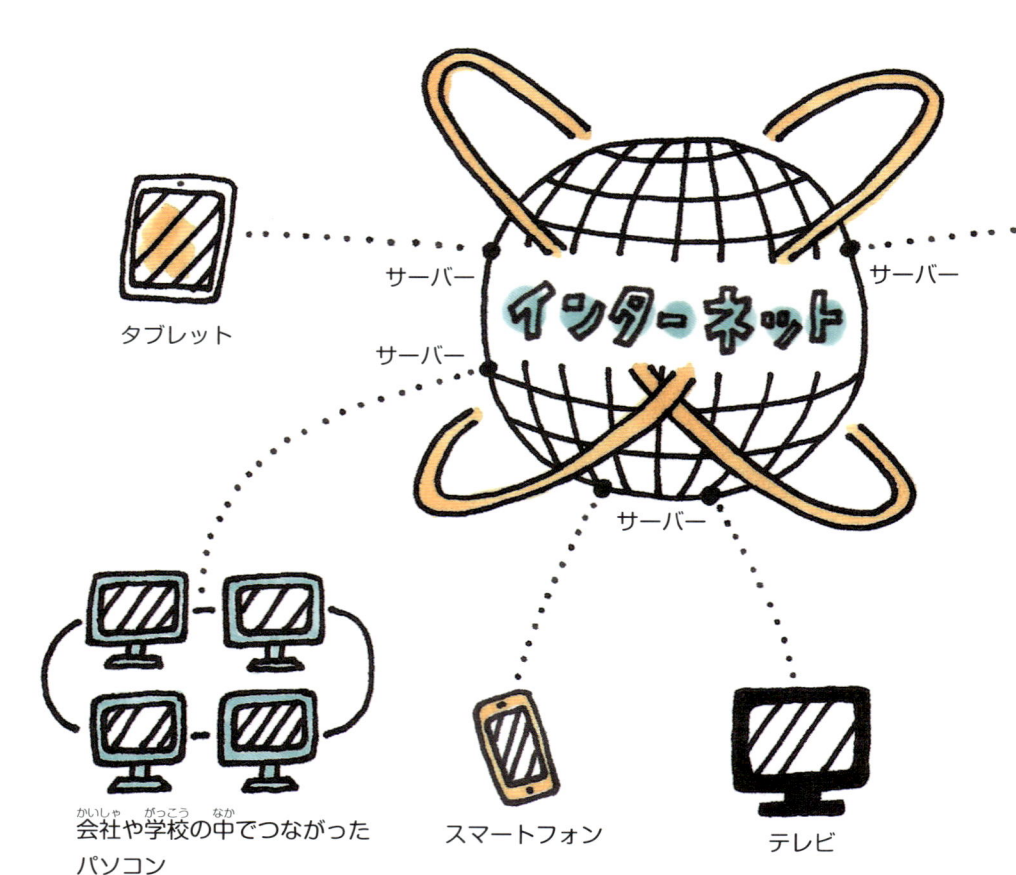

サーバー　サーバー

インターネット

タブレット

サーバー

家のパソコン

サーバー

会社や学校の中でつながったパソコン

スマートフォン

テレビ

インターネットにつながりさまざまな作業をしてくれるコンピューターをサーバーという。メールの送受信にはメールサーバー、ウェブサイトを見るにはウェブサーバーと機能ごとにいろいろなサーバーがある

スマートフォンの通信のしくみ

電話

スマートフォンでは、けいたい電話回線を使って電話をしたり、インターネットに接続したりできます。

電話をかけると、電波で近くの基地局につながる。基地局から交換局、相手の近くの基地局までは、電波やケーブルで、その後は電波で相手につながる

交換局をとおしてインターネットに接続することもできる

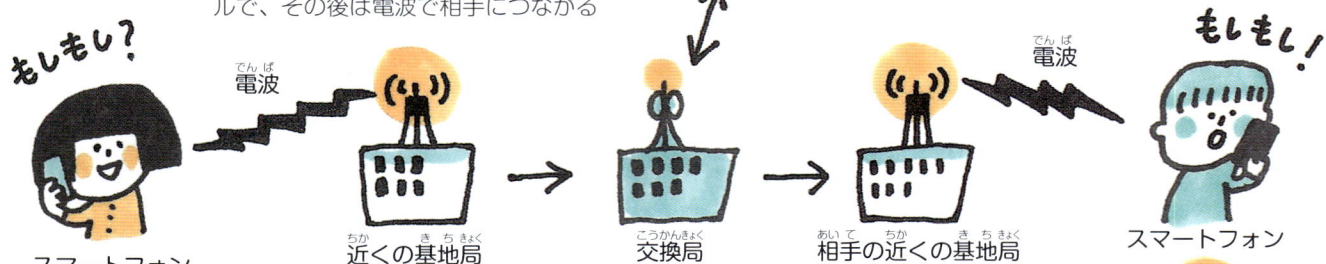

| もしもし？ | 電波 | | | 電波 | もしもし！ |

スマートフォン　　近くの基地局　　交換局　　相手の近くの基地局　　スマートフォン

乗りものに乗っていたり、歩いたりして場所が変わっても電話が切れないのは、電波をうけたり送ったりする基地局が、そのスマートフォンの近くにある基地局に自動で切りかわっているから

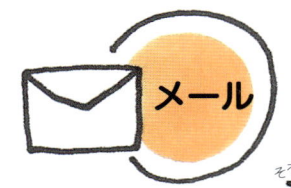

メール

けいたい電話回線でインターネットに接続（モバイルデータ通信）し、メールのやりとりをします。

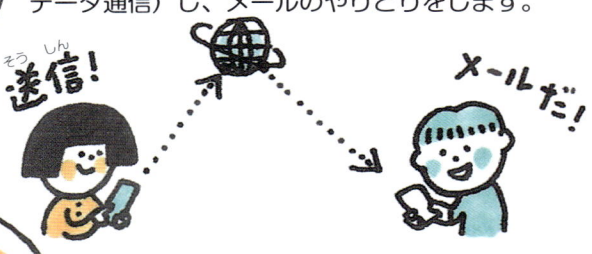

送信！　　メールだ！

Wi-Fi接続

家や店においてあるルーターという機械をとおしてインターネットに接続するWi-Fiという方法もある。メールやメッセージをとどけるだけでなく、アプリを使って電話もできる。ただし、ルーターの電波は遠くまではとどかない

SNS メッセージ

けいたい電話回線でインターネットに接続（モバイルデータ通信）し、メッセージのやりとりをします。

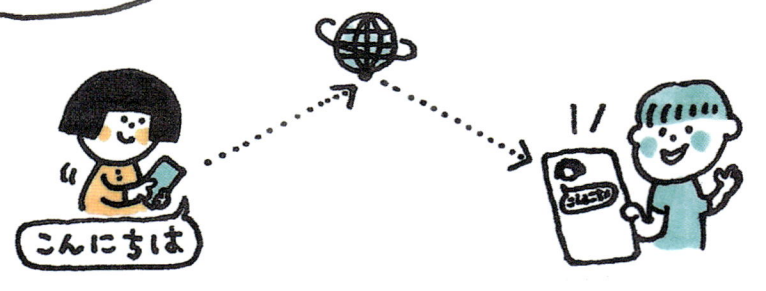

こんにちは

家からはなれると、Wi-Fiの電波はとどかなくなってしまう

スマートフォンは便利だけれど……

人と手軽にやりとりができるスマートフォンですが、手軽さのかげにはきけんがひそんでいます。

個人情報がぎっしり

スマートフォンを落としたりすると、記憶されている知り合いの名前、電話番号、メールアドレスなどがぬすまれ、悪いことに使われるかもしれない。使わなくなったスマホを処分するときにも、データを消すなど注意が必要だ。

個人情報 いただき！

ウイルスに感染する

アプリをダウンロードしたり、フリーWi-Fiでインターネットに接続したりするときには、コンピューターウイルスが入ってきやすい。感染するとコンピューターがうまくはたらかなくなったり、情報をぬすまれたりする。

こわしてやるー！

長い時間見てしまう

ゲームや動画にむちゅうになって、つい長い時間画面を見てしまうと、目がとてもつかれ、視力が落ちることもある。また、光る画面を見すぎると、脳がつかれてねむれなくなることもある。

歩きながら見てしまう

歩きながらメッセージをうったり、読んだりしていると、まわりの人やものにぶつかってけがをしたり、相手にけがをさせたりするかもしれない。

 宅配便

宅配便は、1〜2日で、日本国内のほとんどのところに荷物がとどきます。

宅配便は、荷物などを家までとどけてくれる、とても便利なサービスです。人から人へ送る荷物のほかに、インターネットや通信販売で注文したものなどもとどけてくれます。また、スキーの道具や旅行の荷物などを先にホテルへ送っておくこともできます。

宅配便のはじまりは、江戸時代にあった「飛脚」というしくみです。荷物や手紙を飛脚にあずけると、馬や人が走って、荷物を目的地までとどけてくれました。明治時代には、郵便小包や鉄道小包のしくみができましたが、送る人は郵便局や駅まで荷物をもっていかなくてはならず、また、相手にとどくまでに何日もかかりました。

1976（昭和51）年にはじまった宅配便のサービスは、いまでは荷物を家までとりにきてくれるうえに、国内のほとんどのところに1〜2日でとどけてくれます。そのしくみはどうなっているのでしょうか？

宅配便 がとどくまで

荷物をはやくとどけるために、たくさんの人がはたらき、さまざまなくふうがされています。

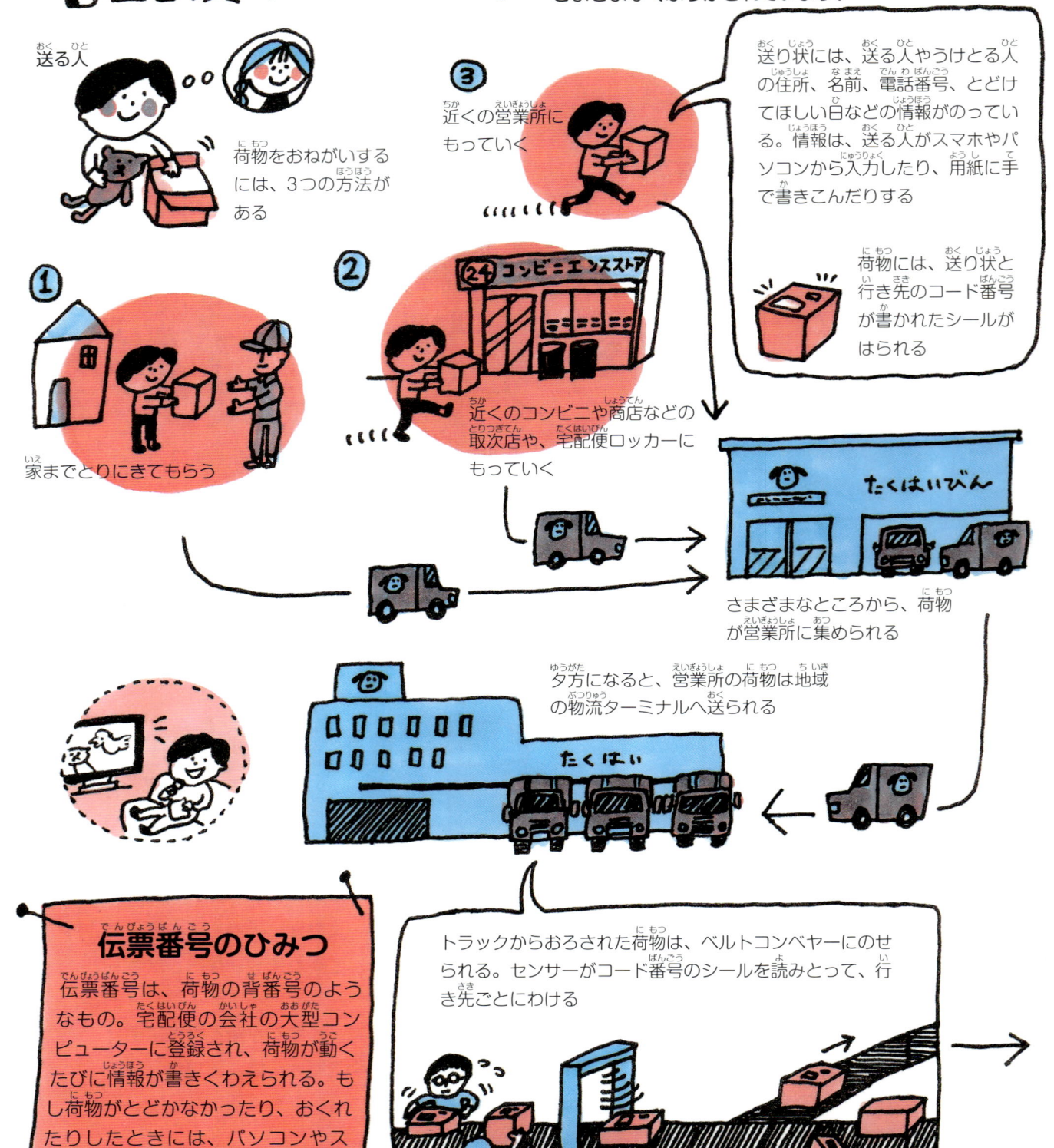

送る人

荷物をおねがいするには、3つの方法がある

① 家までとりにきてもらう

② 近くのコンビニや商店などの取次店や、宅配便ロッカーにもっていく

③ 近くの営業所にもっていく

送り状には、送る人やうけとる人の住所、名前、電話番号、とどけてほしい日などの情報がのっている。情報は、送る人がスマホやパソコンから入力したり、用紙に手で書きこんだりする

荷物には、送り状と行き先のコード番号が書かれたシールがはられる

さまざまなところから、荷物が営業所に集められる

夕方になると、営業所の荷物は地域の物流ターミナルへ送られる

伝票番号のひみつ

伝票番号は、荷物の背番号のようなもの。宅配便の会社の大型コンピューターに登録され、荷物が動くたびに情報が書きくわえられる。もし荷物がとどかなかったり、おくれたりしたときには、パソコンやスマートフォンから荷物がどこにあるのかをさがすことができる。

トラックからおろされた荷物は、ベルトコンベヤーにのせられる。センサーがコード番号のシールを読みとって、行き先ごとにわける

1〜2日でとどけられるわけ

・センサーが荷物のコード番号を読みとり、ベルトコンベヤーでわけるので、みじかい時間にたくさんの荷物をふりわけることができる

・物流センターには、数百人の人がいて、すばやく荷物のあげおろしをする

・深夜の高速道路は車が少ないので、とてもはやく荷物を運べる

ついたよ！
ありがとう

うけとる人

営業所から配送トラックなどでとどけられる

荷物は、営業所ごとにわけられ、それぞれの営業所に運ばれる

明けがたに、大型トラックはとどけ先の物流ターミナルにつく

わけられた荷物は、大型トラックにつみこまれる。夜おそく、大型トラックは物流ターミナルを出発して、高速道路を走る

21

宅配便のさまざまな くふう

期日・時間指定はいたつ

おねがいをした日や時間に、はいたつをしてくれる。

ハッピーバースデー！

クール便

トラックの中には、食べものや花などを入れる冷蔵庫や冷凍庫があるので、運ぶあいだにとけたりいたんだりしない。

便利な機械

ドライバーが使っている端末は、クレジットカードでの支払い、コード番号のスキャン、データをコンピューターへ送るなど、さまざまな機能をもっている。

はやくとどけるくふう

都会や、家が多いところでは、トラックのかわりに自転車や台車ではいたつをすることがある。それぞれの家のまえで自動車を何度もとめるよりむだが少なく、はやくはいたつすることができる。

ごみはどこへいく?

しくみ **4**

家から出たごみは、きめられた方法で燃やされたり、リサイクルされたりします。

　毎日、家ではさまざまなごみが出ます。ごみの集めかたは、住んでいるところ（自治体）によってきめられています。ひとことでごみといっても、燃やすものや燃やさないもの、リサイクルできるものなどさまざまな種類がありますから、なんでもいっしょにすててはいけません。きめられたルールにそって、わけて出すようにします。

　ごみを出す場所や時間も、きめられています。集めるごみの種類は、曜日によってわけられていることが多いようです。きめられたところにごみを出しておくと、収集車がきて、ごみを運んでいきます。このようにして集められたごみは、どこへいって、どうなるのでしょうか?

ごみの分別と、ごみを燃やすしくみ

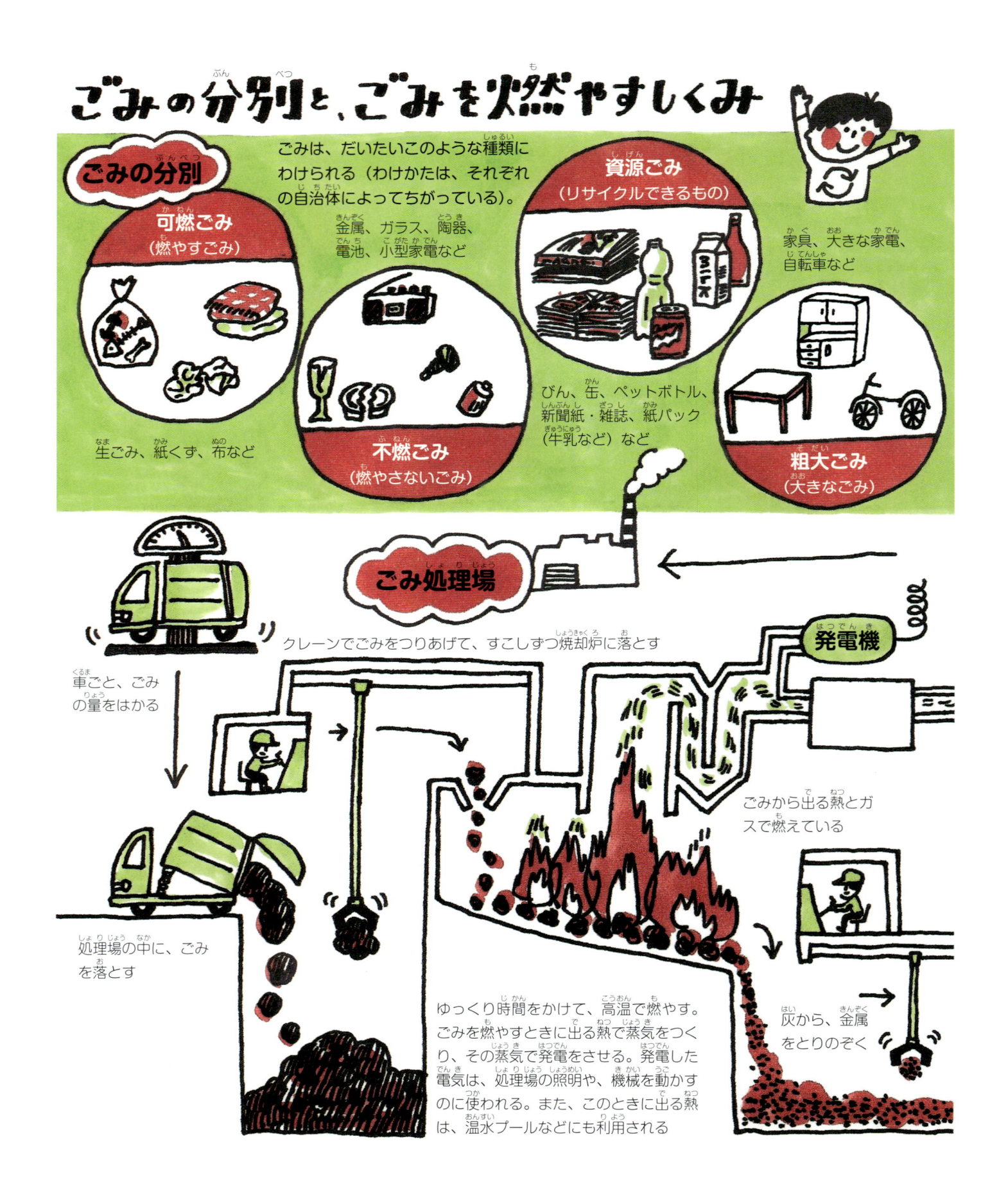

ごみの分別

ごみは、だいたいこのような種類にわけられる（わけかたは、それぞれの自治体によってちがっている）。

可燃ごみ（燃やすごみ）

金属、ガラス、陶器、電池、小型家電など

生ごみ、紙くず、布など

不燃ごみ（燃やさないごみ）

資源ごみ（リサイクルできるもの）

家具、大きな家電、自転車など

びん、缶、ペットボトル、新聞紙・雑誌・紙パック（牛乳など）など

粗大ごみ（大きなごみ）

ごみ処理場

車ごと、ごみの量をはかる

クレーンでごみをつりあげて、すこしずつ焼却炉に落とす

発電機

処理場の中に、ごみを落とす

ごみから出る熱とガスで燃えている

ゆっくり時間をかけて、高温で燃やす。ごみを燃やすときに出る熱で蒸気をつくり、その蒸気で発電をさせる。発電した電気は、処理場の照明や、機械を動かすのに使われる。また、このときに出る熱は、温水プールなどにも利用される

灰から、金属をとりのぞく

ごみ処理場のしくみ
（燃やすごみ）

ごみを出すところ（集積所）に、きめられたふくろに入れたごみを出す

ごみ収集車に、ごみをつみこむ

車いっぱいになるまで集めたら、ごみ処理場へ向かう

ガスを冷やして、えんとつから出す

ガスにふくまれている、有害なものをとりのぞく

有害なものは、薬品やセメントで固める

灰を処分場へ運んで、うめたてる

ごみの問題

むかしは、ごみを燃やすと、有害なガスが出たり、環境が悪くなったりして、たくさんの問題が起こりました。いまでは、空気や環境を悪くしないように、燃やす技術がすすみ、これまではうめるしかなかったごみの多くを安全に燃やせるようになってきています。

それでも、最後にのこった灰は、処分場に運んでうめたてることになります。しかし、このようなうめたて地は、どこまでもふやせるものではありません。また、灰をエコセメントなどに利用するなどのくふうもおこなわれていますが、なるべくごみを出さないようにすること（出す量をできるだけ少なくしていくこと）がたいせつです。

ごみをへらすくふう

外国でも、ごみをへらすために、さまざまなくふうをしている。
たとえば、ドイツと韓国では……。

ドイツ

韓国

こんなくふうが……

- 市場では、野菜やくだものをパックに入れないで売り、買う人は、もってきたふくろやかごに入れる
- びん、缶、ペットボトルなどをお店にもどすと、きめられたお金（デポジット金）がもどってくる

こんなくふうが……

- 生ごみはうめずに、すべて燃料、肥料、家畜のえさとしなくてはならない
- 食堂やカフェなどでストロー、紙コップを使ってはいけない

日本ではどんなくふうをしてるかな？

しくみ5 日本の食事

中国から米が伝えられて、さまざまな日本独自の料理が生まれました。

おいしい……

　いまの日本では、ピザ、ハンバーグ、餃子、キムチ、カレーなど、外国からきたさまざまな食べものを家で楽しむことができます。その一方で、ごはんを食べながらおかずを食べるという、むかしながらの食事のかたちもつづいています。

　米のごはんを食べることは、あたりまえのように思われています。しかし、米はもともと日本にあったわけではなく、大むかしに中国から伝わってきたものです。ごはんといっしょに食べるおかずも、最初からいまのようにたくさんあったわけではありません。

　むかしの人は、野菜、魚、肉などをおいしく食べるためや、保存をするために、いろいろなくふうをしました。また、時代や外国からのえいきょうをうけながら、だんだんといまみなさんが口にしているような食べものをつくりあげたのです。いつごろにどんな食べものができたのか、日本の食べものの歴史をふりかえって見ていきましょう。

27

日本の食べものの歴史

貴族、武士、おぼうさんなど一部の人だけが食べていたものが、だんだんとふつうの人びとにもひろまって、食事がゆたかになっていきました。

縄文時代

木の実や山菜をとり、イノシシやシカ、魚をつかまえて食べた。食べものがあまったときは、干物やくんせいにした

どんぐり

肉

クッキーのようなもの

弥生時代

中国から伝わった米づくりがひろまって、米が主食、ほかの食べものがおかずというかたちができた

奈良・平安時代
（貴族の食事）

かまぼこは、ちくわみたいな形

かまぼこ

くさもち

さまざまなつけもの（醤）をつくった。かたいごはんにお湯をかけて、おちゃづけのようにして食べることもあった。仏教のえいきょうで、動物の肉を食べなくなった

つけものや調味料のもと

中国から、食べものをしおづけにして保存する「醤」の方法が伝わった。このつくりかたをもとにして、多くの食べものや調味料がくふうされるようになった。

草醤→野菜のつけもの

しし醤→なれずし（すしの原形）、しおから、しょっつる（魚を原料にした調味料）

大豆の穀醤→みそ

鎌倉時代
（武士の食事）

やきみそ

にぼし

うめぼし

戦陣食（戦いのときにもっていくおべんとう）として、屯食というにぎりめしと、うめぼし、やきみそなどを食べた

お寺では、食べものづくりが修行のひとつで、中国から伝わったとうふや、みそをとかしたみそしる、うどん、こんにゃく、まんじゅう、ようかんなどをつくった

うどん

まんじゅう

とうふ

室町時代・戦国時代

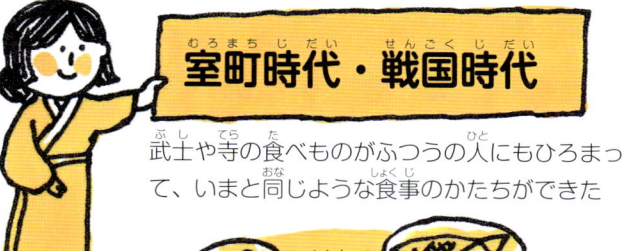

武士や寺の食べものがふつうの人にもひろまって、いまと同じような食事のかたちができた

副菜　つけもの　主菜
ごはん　しる

だんご
うなぎのかばやき
みそ
いとひきなっとう
しょうゆ

南蛮（ヨーロッパ）貿易で伝わった魚のフライから、てんぷらができた

明治・大正時代

牛肉や豚肉を食べるようになって、牛なべ（すきやき）が人気に。ヨーロッパの料理（西洋料理）から、西洋料理と日本の料理を合わせた洋食ができた

牛なべ
カレーライス

オムライス
あんぱん

とんかつ

おかしをヒントに

江戸時代に伝わった南蛮（ヨーロッパ）菓子のヒリョウスは、油であげた、あまいおかし。その料理の方法を使ってお寺のおぼうさんがつくったとうふ料理の飛龍頭が、江戸でがんもどきとよばれるようになった。

江戸時代

いまのかたちに近いにぎりずし、そば、てんぷらができて、屋台で売られた。かつおぶしからとった、かつおだしが使われるようになった

にぎりずし
てんぷら　つくだに　そば
ちゃわんむし
おでん

たまごを食べるようになって、親子どんやちゃわんむしなどの料理ができた

昭和時代以降
（第二次世界大戦後）

冷凍食品、レトルト食品、ラーメンなどのインスタント食品ができた。アメリカのファストフードなど、外国のいろいろな料理が食べられるようになった

インスタントラーメン
コーラ

フライドポテト　ハンバーガー
レトルトカレー

いろいろな米料理

はじめは中国でつくられていた米でしたが、人びとが交流するようになると世界じゅうにひろまっていきました。いまでは多くの国で米づくりがおこなわれています。ただし、その食べかたには、地域によるちがいが見られます。

東南アジアの国ぐにや、韓国、日本などでは、米を主食にしています。これらの地域では、味をつけない白いごはんといっしょに、おかずを食べます。
西アジアやヨーロッパの国ぐににも米は伝わりましたが、これらの地方では主食にはなりませんでした。食事の中心は魚や肉料理などで、それといっしょに米を食べるくらいです。そのときには、白いごはんではなくて、米をスープでにる、いためてからにこむなどして味をつけて食べることが多いようです。

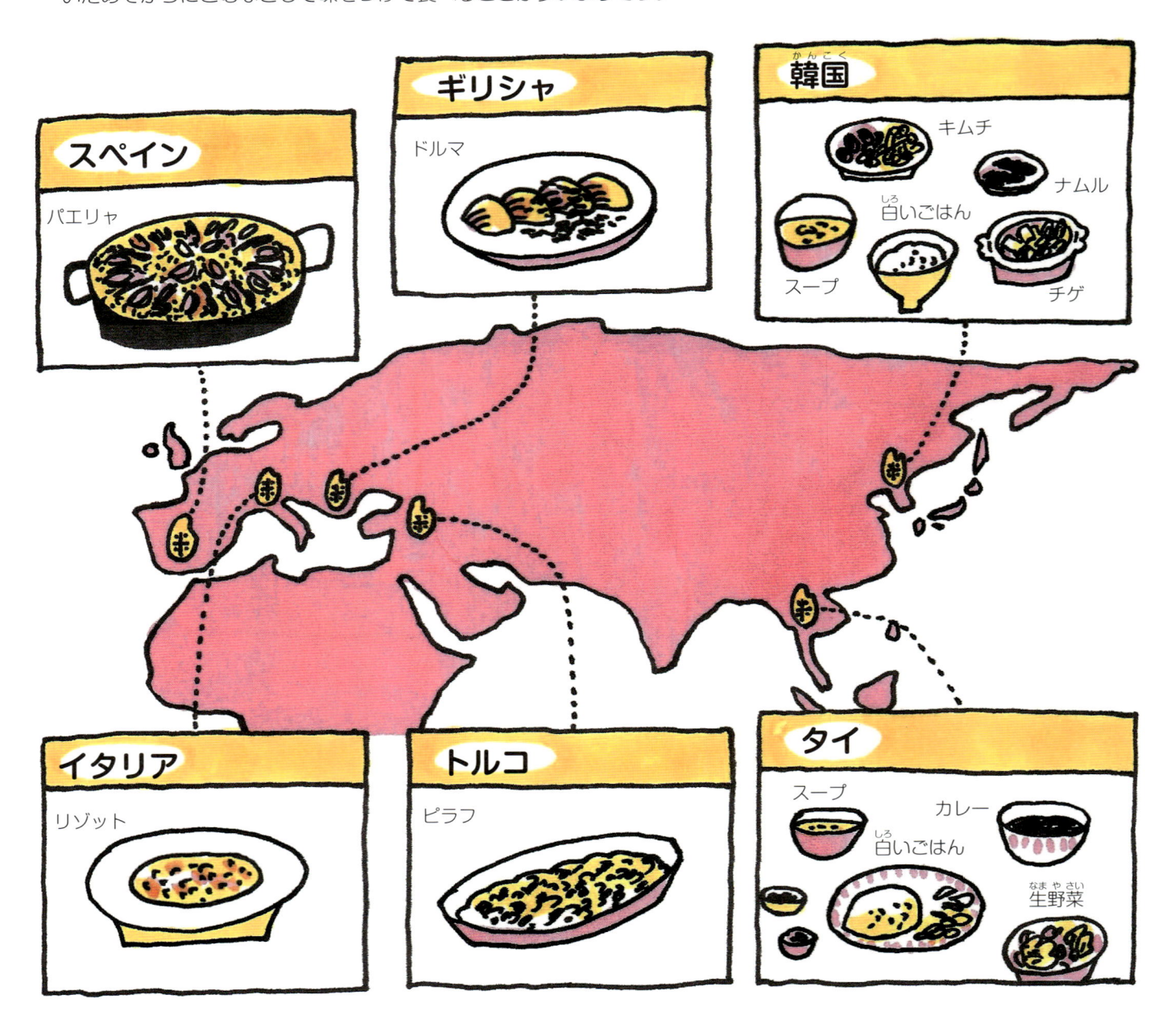

しくみ 6 リサイクル

「ごみ」は、リサイクルすれば「資源」になります。

しくみ4「ごみはどこへいく？」（23ページ）にもあったように、燃やさないごみのなかには、「資源ごみ」として集められるものがあります。びん、缶、ペットボトル、古着、紙パック、新聞・雑誌、段ボールなどや、「プラ」マークがついたプラスチックのものなどです。これらは、あらったり加工したりして、リサイクルします。
　冷蔵庫などの電化製品やパソコンなどは、こなごなにしたあとプラスチック、金属、ガラスなど、種類ごとにわけて、べつのものの材料としてまた使われます。リサイクルするものがふえれば、それだけごみをへらすことができるのです。

リサイクルのしくみ

資源ごみから、同じものや、形を変えたものがつくられます。

びんのリサイクル

原料にもどすリサイクルと、くりかえし使うリユースとがある。

リターナブルびんは、くりかえし使われる

ビールびん
しょうゆびん
牛乳びん
など

「びん商」が、あらって分類する

リサイクルして使うそれぞれの会社にとどける

大牛牧場牛乳工場

もう一度、のみものなどをつめて、売る

大牛牧場牛乳

ワンウェイびんは、使いすて

ワインのびん
ぽんずのびん
ジャムのびん
など

無色・茶色・緑などの色ごとにわけてあらう

カレット

細かくくだいて、カレットにする

カレットは、ガラスびんの原料や、道路の材料として使われる

缶のリサイクル

スチール

アルミ

選別機で、アルミ缶とスチール缶にわけられる

プレス機でつぶして、かたまりにする

ペットボトルのリサイクル

工場に運び、ごみなどを
とりのぞいてあらう

機械でくだき、またあらう

キャップ、ラベルなどをとりのぞき、
機械でつぶす

よけいなプラスチックや
金属をとりのぞく

フレーク　細かくくだいた
フレークにする

たまごのパックやカー
ペットの原料に

とかして小さなつぶ
（ペレット）にする

ペレット

フリースなどの繊維
やペットボトルに

とかして、アルミや
鉄の材料にする

缶をつくるメーカーに送られ、新しい缶になる

33

江戸時代のリサイクル

江戸時代は、いまのようにものが豊富にあったわけではありません。そのため、江戸時代の人たちは、ものをむだにしないよう、さまざまなくふうをしていました。

こわれたり、古くなったりしたものを、すぐにすてるようなことはしないで、直してまた使いました。江戸の町には、こわれたものを直してくれるさまざまな職人さんたちや、いまのリサイクルのようなことを仕事にする人たちがたくさんいたのです。

ちょうちん、あんどんのはりかえ屋
やぶれた紙をはりかえて、また使えるようにする。

鋳（い）かけ屋
なべや釜にあいたあなにべつの金属をはりつけて、あなをふさぐ。

げたの歯入れ屋
すりへったげたの歯を、新しい歯にかえる。

かさの古骨買い
むかしのかさは、竹の骨組みに油紙をはったものだった。やぶれた紙をはがして新しい紙をはる。はずした紙は、魚やてんぷらのつつみ紙として売る。骨がおれて直せないときは燃料として売る。

肥（こえ）くみ
イヌや馬の糞や、人間の糞尿などを集める。集めた糞尿は、農作物の肥料に使われる。

灰（はい）買い
かまどの灰を集める。灰は、肥料、酒づくり、紙などの繊維づくり、洗剤、染めものに使われる。

紙くず買い
いらなくなった紙を買う。集められた紙は、紙のすきなおし屋が、新しい紙にする。

羅宇（らう）屋
きせる（たばこをすう道具）の管の部分が羅宇。竹でできているものが多い。古くなってとおりが悪くなったら、蒸気で掃除してやにをとったり、つけかえたりする。

たがや
「たが（おけやたるがばらばらにならないようにしめつける、竹の輪）」が古くなって、おれだりしたら、ゆるんだり、新しい竹でしめなおす。

7 円安と円高

しくみ

円の数字がふえるのに、なぜ「円安」なのでしょうか？

　テレビのニュースなどで、「○円○銭の円高」「△円△銭の円安」などといっているのを見ることがあります。でも、よく見ると、「円安」といっているときのほうが、円の数字が大きいようです。たとえば、円が100円から105円になっているのに、「円安」なのです。数字が大きくなったら安いというのは、どういうことなのでしょうか？

　日本では「円」というお金が使われていますが、世界では、アメリカならドル、ヨーロッパの多くの国ではユーロというように、国や地域ごとにさまざまなお金が使われています。旅行などで外国にいって買いものをするには、円をその国のお金にりょうがえしなくてはなりません。円をほかの国のお金にかえるとき、「円高」や「円安」によって、かえられるお金がふえたりへったりします。

　「円高」「円安」はどういうことなのか、その意味としくみを見てみましょう。

35

円安・円高のしくみ

外国のお金とりょうがえをするときに、円のねうちがあがったりさがったりします。

為替レート

円を、外国のお金にりょうがえをするときに、いくらになるのかをしめすのが、為替レート。世界のお金のやりとりでおもに使われるのはアメリカのドルなので、円とドルとの為替レートについて、円安・円高ということが多い。

どっちが円高？

わかりやすくするために、1ドル＝200円と、1ドル＝100円でくらべてみよう。

1ドルが200円なら

100円玉2つで、

1ドル札を1まいゲット！

日本から見ると…

200円で1コかあ 高いなあ

DONUT SHOP

ドーナツ 1コ 1ドル だよ

あまりたくさん買いものができない

¥ ドルにくらべて、円の価値がひくい

1ドルが100円なら

100円玉2つなら、1ドル札を2まいゲット！

2倍だ！

200円なら 2コ買える

DONUT SHOP

1コ 1ドル だよ

たくさん買いものができる

¥ ドルにくらべて、円の価値が高い

銭

明治時代のころに、円といっしょに使われていたお金の単位。100銭で1円になる。もうお金としては使われていないが、為替や株価をしめすときには、いまでも使われている。

1ドル=○○円○○銭
△△銭 円高

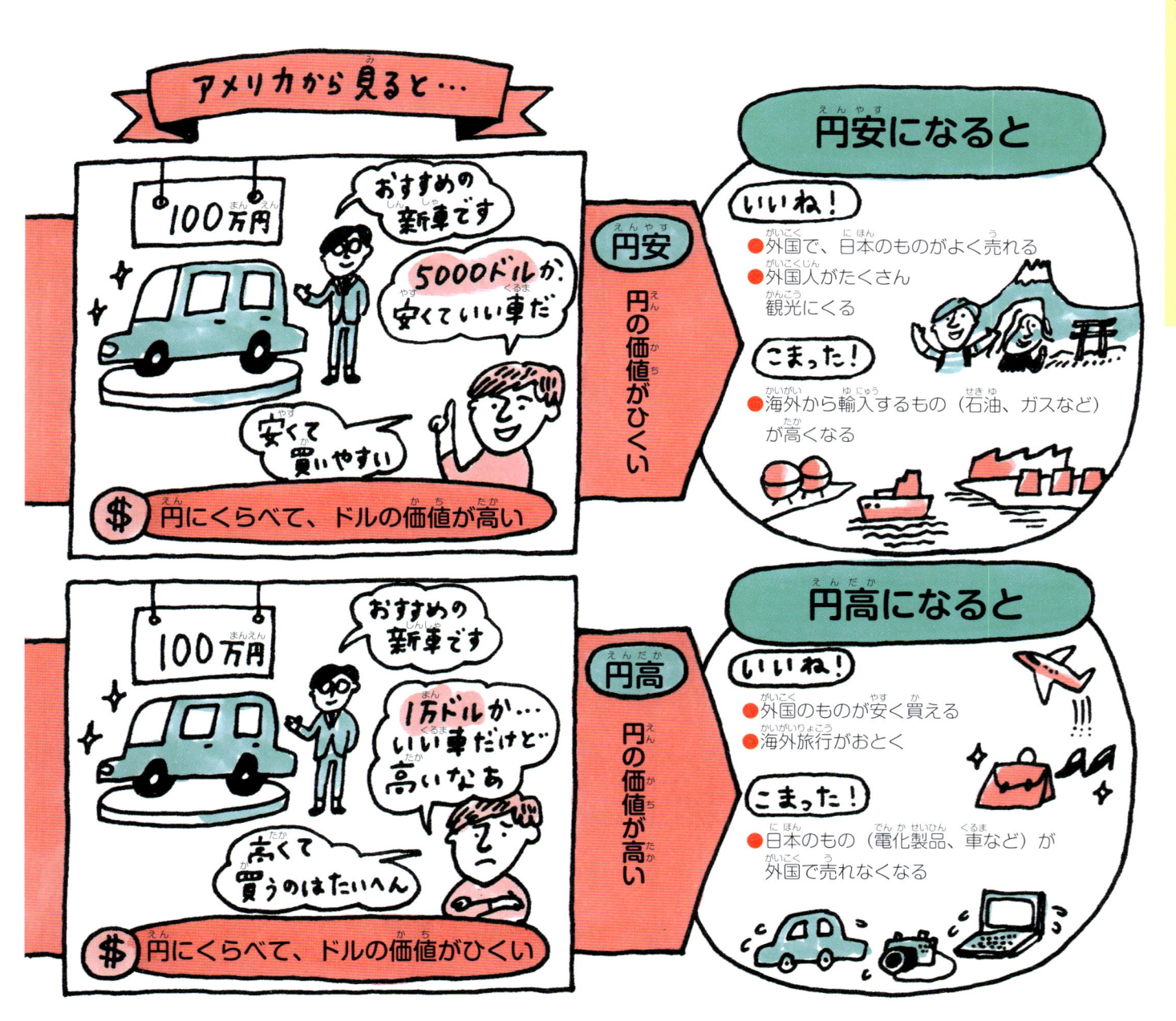

アメリカから見ると…

100万円

おすすめの新車です

5000ドルか、安くていい車だ

安くて買いやすい

$ 円にくらべて、ドルの価値が高い

円安　円の価値がひくい

円安になると

いいね！
● 外国で、日本のものがよく売れる
● 外国人がたくさん観光にくる

こまった！
● 海外から輸入するもの（石油、ガスなど）が高くなる

100万円

おすすめの新車です

1万ドルが…いい車だけど高いなぁ

高くて買うのはたいへん

$ 円にくらべて、ドルの価値がひくい

円高　円の価値が高い

円高になると

いいね！
● 外国のものが安く買える
● 海外旅行がおとく

こまった！
● 日本のもの（電化製品、車など）が外国で売れなくなる

為替レートは、どんどん変わる

毎日、多くの人が、ドルを円にかえたり、円をドルにかえたりしています。そのため、為替レートは、1日のあいだにもどんどん変わっていきます。

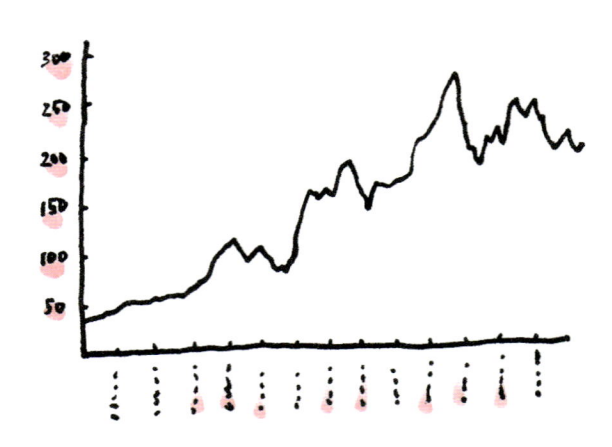

海外旅行にいくときにも、為替レートは関係するよ

外国と取引をしている会社が外国からものを買うとき（輸入）、外国にものを売るとき（輸出）に、円やドルをかえることでも、円安・円高にえいきょうする。

輸入がふえる	輸出がふえる
お金を払うために、ドルが必要	代金は、ドルでうけとる
円をドルにかえる	ドルを円にかえる
ドルの価値があがって、円安になりやすい	円の価値があがって、円高になりやすい

自分のもっているお金を円やドルで銀行にあずけている人たちがいる。その人たちは、いろいろな情報をもとにして、とくになるほうのお金にかえようとする。そのような人たちの動きによっても、為替レートは変わる。

1ドル＝80円のときに、100ドルを円にかえる（8000円）

1ドル＝120円のときに、100ドルを円にかえると、12000円になる

12000円－8000円＝4000円

おなじ100ドルでも、1ドル＝120円のときにかえれば、4000円多くもらえる

為替レートにえいきょうをあたえること

政治　経済　株価　金利　銀行

ライフライン

しくみ **8**

生活をしていくためには、なくてはならないものです。

　テレビで大きな地震や台風などのニュースを見ていると、「ライフラインの復旧」ということばを聞くことがあります。「ライフライン」のもとの意味は「命綱」で、高いところや海の中など、きけんなところで仕事をする人が、体にまきつけておく綱のことでした。最近では、毎日の生活をおくるために必要なもの（ガス、電気、上下水道、電話やインターネット、鉄道など）を、まとめて「ライフライン」とよんでいます。

　災害が起こったときに、断水や停電になって、電気、ガス、上下水道が長いあいだとまってしまうと、こまってしまうだけでなく、いのちまであぶなくなることもあります。そのため、なるべくはやく直さなくてはなりません。生活に欠かせないガスや電気、水は、どのようにしてわたしたちの家までとどけられるのでしょうか。

ガス・電気・水が家にとどくまで

遠いところから、いろいろな施設をとおって、家まで送られてきます。

※この図は都市ガスのばあい。このほかにプロパンガスもある

ガス

ガス井（井戸）で、ガスを採掘する（掘りだす）

ガスは輸入にたよっている

天然ガスにまじっている不純物をとりのぞき、冷やしてLNG（液化天然ガス）にする。液体にすると、体積が少なくなって、運びやすくなるからだ

LNG専用のタンカーで運ぶ

気化プラント

LNGをタンカーから荷あげしてタンクに入れ、気化プラントでガスにする

ガスは、パイプ（ガス管）をとおって家や工場などに送られる

パイプが通じていないところは、LNGをタンクローリー車などで運んでから気化装置にとおす

電気

発電所で電気を起こすはじめは電気の圧力（電圧）をあげておき、変電所へ送りながら、じょじょにさげていく

原子力発電

太陽光発電

水力発電

火力発電

50万～27.5万ボルト

超高圧変電所

15.4万ボルト

一次変電所

大工場

6.6万ボルト

中間変電所

鉄道

大工場

2.2万ボルト

配電用変電所

工場

ビル

6600ボルト

柱上変圧器

100ボルト

電線で家に送られる

40

水

日本は雨が多いので、水は十分にある*

*ただし、夏に晴天がつづくと、水不足になることもある

森林にふった雨が、水源林にたくわえられる

わき水や雨が川に流れこむ

ダム
川を流れる水の量を調整する

取水塔
水を浄水場に入れて、大きなごみをとりのぞく

取水せき
水の量を調整する

給水所
浄水場からきた水をためて、水の流れる力や量を調整する

浄水場
砂や土などをとりのぞいて、にごりをとる。ろ過、消毒をしてきれいな水にする

配水管、給水管をとおって家にとどく

水道管・ガス管は、どこ？

水やガスを家まで送る水道管やガス管は、道路の下などの地下にうまっているので、ふつうは見ることがない。大きな町では、電気や電話の電線も、地下をとおすことがある。

自然エネルギー

火力発電は、温暖化の原因となる二酸化炭素を出す。原子力発電は、事故や使いおわった燃料による放射能汚染の問題がある。そこで、太陽、風など自然のエネルギーを電気に変える方法がさかんになったが、新たな問題も発生している。

ガス・電気・水道 がなかったら？

ガス・電気・水道がとまってしまったら、わたしたちの生活はどれだけ不便になるのでしょうか？　家庭のいろいろなところで出てくる問題をあげてみました。

※上水道がとおっても、下水道がこわれていると、キッチン、トイレ、おふろなどの排水が、そのまま川に流れたり地中にしみいったりする。すると、ひどいにおいがするばかりか、汚水が原因で伝染病がはやり多くの人命がきけんにさらされる

しくみ 9 ペット

いろいろな動物が、ペットとして飼われています。

　日本では、家でペットを飼う人がとてもふえました。多くの小学校でも、水そうで金魚やメダカを飼ったり、しいく小屋で鳥や動物を育てたりしています。しいく係になって、動物のせわをすることもあるかもしれません。

　かわいいペットといっしょにあそぶのは楽しいものですが、生きもののせわには、たいへんなこともたくさんあります。飼いぬしは、ペットが気持ちよく長くくらせるように、えさや病気など、いろいろなことに気をつけなければなりません。ペットを飼うためのきまりごとを知ることもたいせつです。

　ペットに関係するさまざまなことを、見てみましょう。

ペットの動物はどこからきたの？

日本にむかしからいる動物は少なく、ほとんどが外国からきています。

ペットに関係のある法律

ペットのいのちを守るために、国できめている規則があります。

動物の愛護及び管理に関する法律

飼いぬしや動物を売る人が注意しなくてはいけないきまりごと

動物のことをよく勉強して、まわりの人にめいわくをかけず、最後まできちんと飼う

飼いぬし

動物を売る人（ペットショップなど）

役所に登録をする。動物を売るときには、飼いかたをくわしく説明する。イヌとネコにはマイクロチップをつけて売る

特定動物（きけんな動物）とされている動物を飼うとき

飼うための許可をもらうことが必要

ワシントン条約
種の保存法
鳥獣保護法

数が少なくなった野生動物などを守るためにつくられた、海外に売ってはいけない動物、ペットにして飼ってはいけない動物などについてのきまりごと

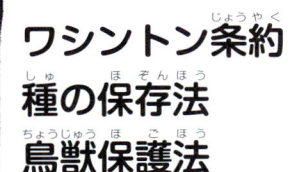

ハヤブサ

イリオモテヤマネコ

ウーパールーパー

外国からつれてくるのは禁止されているが、日本国内で生まれたものは飼うことができる

家庭動物等の飼育及び保管に関する基準

イヌやネコなどのペットや学校で飼う動物について、飼う人が気をつけること

ほかにも……

たとえばイヌを飼うときには
●住んでいる場所の役所に登録をする
●毎年、狂犬病の予防注射をうけなくてはいけない
などのきまりがある

生きものを飼うときには、育てかたをよく調べて、最後までちゃんと飼わなくてはいけないよ

ペットを飼うときに気をつけること

ペットは、野生動物ではないので、飼いぬしがえさをあげて、くらしや病気に気をつけてあげなくては、生きていけません。また、動物にはそれぞれの習性（その動物によく見られる行動）があります。それをよく知らないで飼いはじめたら、あとでこまることがあるかもしれません。

ペットを飼おうと思ったら、その動物についてよく調べることがたいせつです。ペットの寿命（生きる年数）は、動物によっていろいろですが、10年以上生きる動物もいます。飼いはじめたら最後まできちんとおせわをするのが、飼いぬしの役目です。

フクロモモンガ

夜行性で、夜になるとたくさん動きまわる
高いところから飛ぶ動物なので、高さのあるケージに入れる

セキセイインコ

群れでくらす鳥なので、さびしくならないように、1日に何度もいっしょにあそんであげる

外国のカブトムシ

・じつは、暑さやじめじめした天気がにがて
温度や湿度の変化に気をつける
・家の外にはなすと、食べものをうばったり
種がまじったりして、もともとの日本の種に害をあたえる

ニホンイシガメ

30年以上生きることもある

マスメディア

テレビや新聞など、日本国内や外国で起こったニュースなどを伝えるものです。

　外国や日本国内で大きな事故や事件が起きると、そのニュースが新聞やテレビをとおして多くの人に伝えられます。このようにさまざまな情報を多くの人にまとめて伝える新聞、テレビ、ラジオなどのことを、まとめて「マスメディア」とよびます。マスメディアをとおして、ニュースや情報を知るだけでなく、音楽やスポーツ、ドラマなどを楽しむこともできます。

　むかしは、人になにかを知らせるのはとてもたいへんなことで、手間と時間がかかるうえに、くわしく伝えることができませんでした。また、情報をやりとりできる人も、かぎられていました。いまでは、マスメディアのしくみをとおして、だれでもいろいろなことを知ることができます。人に情報を伝える方法がどのように変わってきたのか、その歴史を見てみましょう。

情報を人に伝える

のろし、馬、人……むかしの人は、さまざまなやりかたで情報を伝えようとしました。

弥生時代〜戦国時代

のろし
敵がせめてくることや、戦いで勝ったことなどを、のろしをあげて知らせた

大化の改新〜江戸時代

馬
大名たちは、道路や宿駅（人が泊まるための旅館や輸送用の馬などを用意しているところ）をととのえた
使いの者は、その道路や宿駅を利用して馬を走らせ、手紙などをとどけた

ひとりの人からひとりの人に情報がとどけられていた。はなれた場所で情報をやりとりできるのは、大名や朝廷など、身分が高い人にかぎられていた。

江戸時代

継飛脚、大名飛脚、町飛脚
馬にくわえて、足のはやい「飛脚」とよばれる人たちがこうたいしながら走って、手紙や知らせを運んだ

継飛脚は幕府のえらい人の手紙や荷物を、大名飛脚は大名の手紙や荷物を、町飛脚は旗本や商人の手紙などを運んだ

江戸時代なかごろ

瓦版（マスメディアのはじまり）
木版をすったもので、内容は、事件など周囲のできごとにかんする情報や物語

瓦版の登場で、町の人びともはじめて大きなできごとの内容を知ることができるようになった

明治時代

新聞の発行

いまと同じような新聞が各地で次つぎと発行され、世の中で起こっていることが多くの人びとに知らされるようになった

世界の国ぐにでは、新聞を売店で売ることが多いが、日本は宅配（家にとどける）が多い

大正のおわり〜昭和のはじめ

ラジオ放送の開始

経済の情報、戦争にかんする臨時のニュースなど、新しい情報をよりはやく聞くことができるようになった

野球の試合などは、球場から生放送された

打ったー！ワー　ワー

昭和——第二次世界大戦後

テレビ放送の開始

情報を映像と音声で伝えるので、さらにわかりやすくなった
はじめは色がない白黒の画面だったが、1964年の東京オリンピックのころから、カラーテレビに変わっていった
さらに、放送衛星、デジタル放送などの開発によって、チャンネル数がふえた

1990年代〜

インターネットの登場

新聞社やテレビ局だけでなく、だれもがインターネットを使って情報を発信できるようになった
うけとる側は、すきな情報だけを選べるようになった

情報は、電波で送られる。テレビ、ラジオ、パソコン、スマートフォンなど、さまざまな機器で情報をうけることができる。

情報は、編集されている

毎日、世界じゅうでさまざまな事件や事故が起こっています。新聞社やテレビ局では、多くの情報のなかから、記事や番組でとりあげるものを選びます。そして、わかりやすく伝えるために、情報をみじかくまとめたり、いくつかの映像を選んだりします。これを「編集」といいます。

テレビや新聞に出ているものは、すべての情報をそのまま伝えているのではなく、編集されたものです。そのために、ある部分だけが強く伝わってしまうことがあります。また、まちがった情報が伝えられてしまうこともあります。

自分がその場にいて見たものが、編集されてテレビや新聞のニュースになったときに、すこしちがって見えることがあります。気になるニュースがあったときには、いろいろな情報を集めてくらべてみると、おもしろいかもしれません。

だれでも発信者（情報を送る人）

すこしまえまで、情報を送るのはマスメディアの役目だった。しかし、いまではインターネットがひろく普及して、だれでもホームページやブログ、SNSとよばれる方法などを使って情報を発信できるようになっている。

メッセージなどは相手をきめて送ることができる。一方、SNSなどに投稿した情報はだれでも見ることができるし、コピーすることもできる。友だちだけでやりとりをしているつもりでも、いつのまにか知らない人がかってにその情報をべつのところに流すようなことが起こるかもしれない。

自分が発信者になって情報を送るときには、こまったことにならないように、十分な注意が必要だ。

しくみ
11 110番・119番

たいへんなことが起きたとき、警察や消防にかける電話番号です。

　事件、事故、火事が起こったときや、けが人や病人が出たときには、いそいで警察や消防に知らせなくてはなりません。そのときにかける電話番号を、「緊急通報用電話番号」といいます。日本では、警察が110番、消防が119番です。この電話番号にかければ、すぐに警察や消防の人がかけつけてくれます。

　緊急通報ですから、ほんとうにたいへんなことが起こったときにだけかけます。また、電話をかけたら、なにが緊急なのか、どこでなにが起こっているのかを、相手にわかるようにきちんとせつめいしなくてはなりません。

　では、どのようなときに、どちらに電話をかければいいのでしょうか？　すぐにかけつけてくれるしくみは、どのようになっているのでしょうか？

110番と119番のしくみ

連絡をうけた警察署や消防署は、すばやく指示を出します。

110番にかけると…

事件ですか？ 事故ですか？

地域をたんとうする警察本部の通信指令室につながる

事件や事故は警察へ

110番

通報するのはどんなとき？

けんか（けがをした人がいる）
どろぼう
ごうとう
不審者
交通事故……

事故です！

電話をかけた人は、いつ、どこで、なにがあったのか、どんなようすか、自分の名前、住所、電話番号などを伝える

指令室から、警察無線でもっとも近い場所にいるパトカーに指示を出す。近くの警察署に連絡して、交番のおまわりさんに指示を出す

○○○へ向かってください

110番通報から、おまわりさんがくるまでの時間は、平均で約8分半*

警察の仕事は

●パトロール
●まいごを保護する
●道案内
●おとしものの受付
●事件のそうさ

●交通事故現場で、けが人をたすけ、事故の内容を調べる
●交通整理、交通いはんのとりしまり
●災害救助

*令和4年度警察白書より

通報するのはどんなとき？

火事
急病
けが
事故や災害からにげおくれた人がいる
……

119番にかけると…

救急や消防は消防署へ

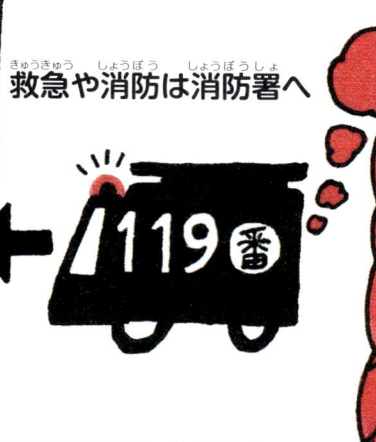

火事ですか？
救急ですか？

消防本部の通信指令室や消防指令情報センター、災害救急情報センターなどにつながる

火事です！

通報した人は、「火事」「救急」のどちらかを伝える
場所（住所やめじるし）、どんなようすかを知らせる

指令室から、地域の消防署・出張所に、消防車や救急車を出動させる指令を出す

○×消防署

指令室から、警察署、電力会社、ガス会社などに連絡する

指令が出てから消防車が出発するまで、約45秒

消防の仕事は

- ●消防　火事を消す
- ●救助　にげおくれた人をたすける
- ●救急　急病の人やけが人を病院へ運ぶ
- ●消火活動がおわったら、火事の原因を調べる
- ●人びとを安全なところに避難させる

- ●大雨などで川の水がふえたら、土のうをつむ
- ●火事をふせぐためのてんけんをする（火災報知器、非常口）
- ●防災訓練をする
- ●災害救助

※しくみ28「災害救助」（127ページ）も読んでみよう

なぜ110番と119番？

むかしの電話は、ダイヤル式でした。緊急の電話番号には、ダイヤルをまわすきょりがいちばんみじかい「1」を多く使い、さらにまちがいをふせぐために、ダイヤルをまわすきょりがいちばん長い「0」や「9」を組みあわせるようにきめられました。

いたずら電話はぜったいにダメ

事件、事故、火事などは、いっこくもはやくかいけつしなくてはいけません。そのためにもうけられた緊急通報用電話番号ですから、いたずら電話をかけることは、犯罪になります。

消防の仕事を体験しよう

地域によっては、小学生や中学生の消防少年団をおいているところがある。そこでは、防火・防災について学ぶなど、さまざまな活動がおこなわれている。

消火訓練　救急訓練　防災訓練

古い家のしくみ

家でみなさんはなにをしていますか？ ごはんを食べたり、おふろに入ったり、あそんだり、家族と話をしたり、ゆっくりねむったり。かべや屋根で守られた家の中では、安心してゆったりとすごすことができます。

日本の気候は、夏にはあつく、冬には寒くなります。いまは、電気やガス、石油を使うエアコンやストーブなどで部屋をあたためたり冷やしたりします。電気やガスがなかったむかしの人びとは、さまざまなくふうをして、いごこちのいい家をつくっていました。古い家のつくりを見ると、そのくふうがよくわかります。

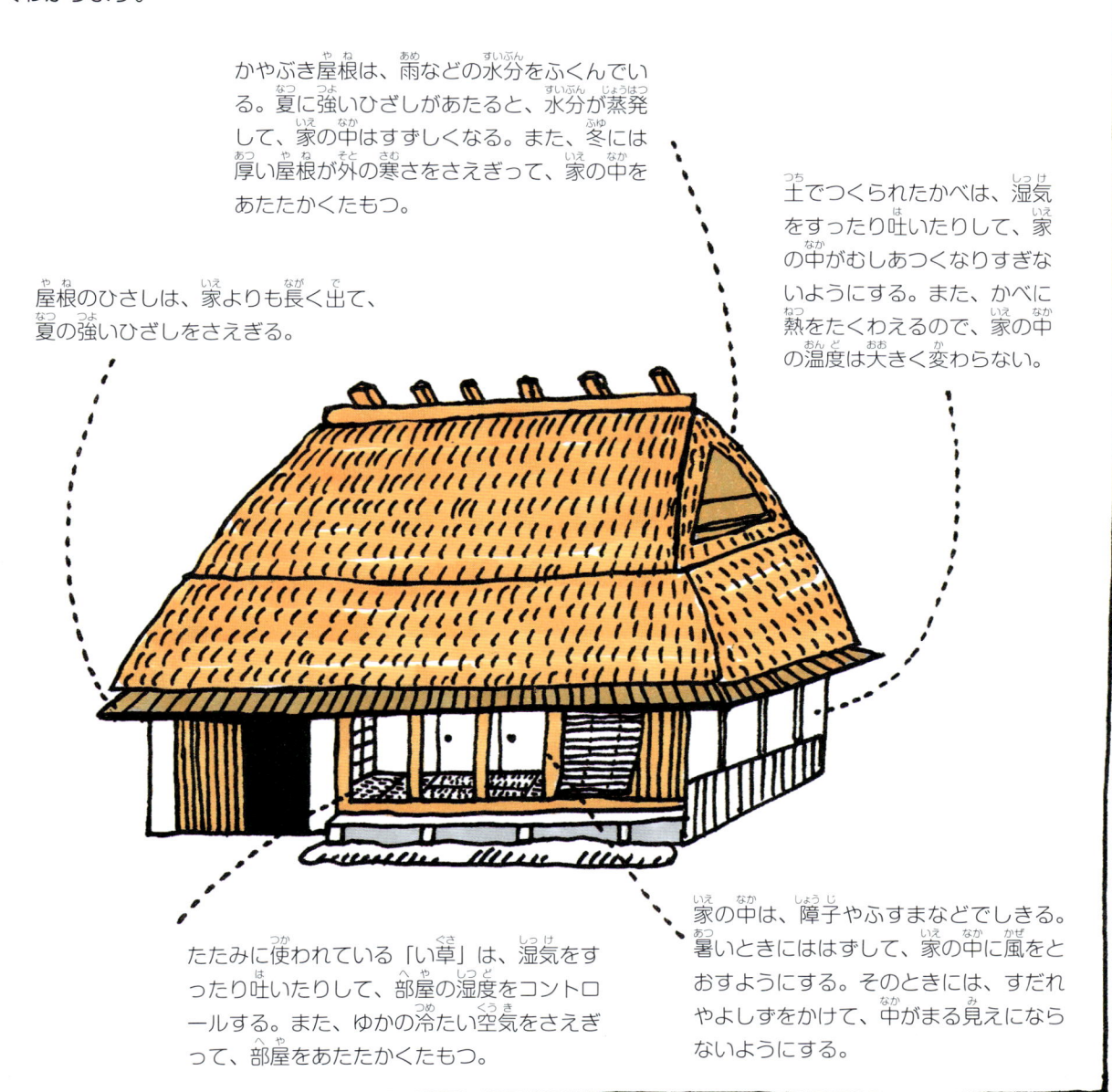

かやぶき屋根は、雨などの水分をふくんでいる。夏に強いひざしがあたると、水分が蒸発して、家の中はすずしくなる。また、冬には厚い屋根が外の寒さをさえぎって、家の中をあたたかくたもつ。

土でつくられたかべは、湿気をすったり吐いたりして、家の中がむしあつくなりすぎないようにする。また、かべに熱をたくわえるので、家の中の温度は大きく変わらない。

屋根のひさしは、家よりも長く出て、夏の強いひざしをさえぎる。

たたみに使われている「い草」は、湿気をすったり吐いたりして、部屋の湿度をコントロールする。また、ゆかの冷たい空気をさえぎって、部屋をあたたかくたもつ。

家の中は、障子やふすまなどでしきる。暑いときにははずして、家の中に風をとおすようにする。そのときには、すだれやよしずをかけて、中がまる見えにならないようにする。

55

2 学校の教室で

　友だちとあそんだり、勉強したりと、みなさんは1日の多くの時間を、学校ですごしています。教室でふだんなにげなく見たり使ったりしているものについて、ふと考えたことはありませんか？

　ロッカーの上におかれた地球儀の国の形はどうやってきまったのか、その横にならぶ本はいつからあるのか、かべにはってあるカレンダーのひと月がだいたい30日なのはどうしてか、ポスターでよびかけている募金のお金はどのように使われるのか……。気をつけて見ていると、いろいろなことが気になってきます。

　そもそも、みなさんは毎日あたりまえのように学校にかよって、教科書で勉強して、給食を食べていますが、むかしの子どももそうだったのでしょうか。

　この章では、教室から見えてくる世の中のしくみを考えてみます。

しくみ 12 教科書

教科書は、だれがどうやってつくっているのかな？

　4月になると、学校で新しい教科書がくばられます。教科書は、ふつうの本と同じように出版社がつくっています。ただし、ふつうの本と大きくちがう点があります。それは、国から指定をうけた出版社が、「学習指導要領」にしたがってつくり、発行するということ。「学習指導要領」というのは、国が日本の子どもたちに学んでほしいと考える学習の基本です。それぞれの出版社は、楽しく、わかりやすくするくふうをしながら、教科書を編集していきます。もうひとつ、ほかの本とちがうのは、小・中学校の教科書は国が無料でみなさんにくばることです。　では、教科書はどのようにつくられるのか、見ていきましょう。

教科書ができるまで

ふつう、教科書は4年に1度、内容を見なおして、新しく編集することになっています。
そのため、編集、検定、採択といったひとつづきの作業は、4年かけておこなわれます。

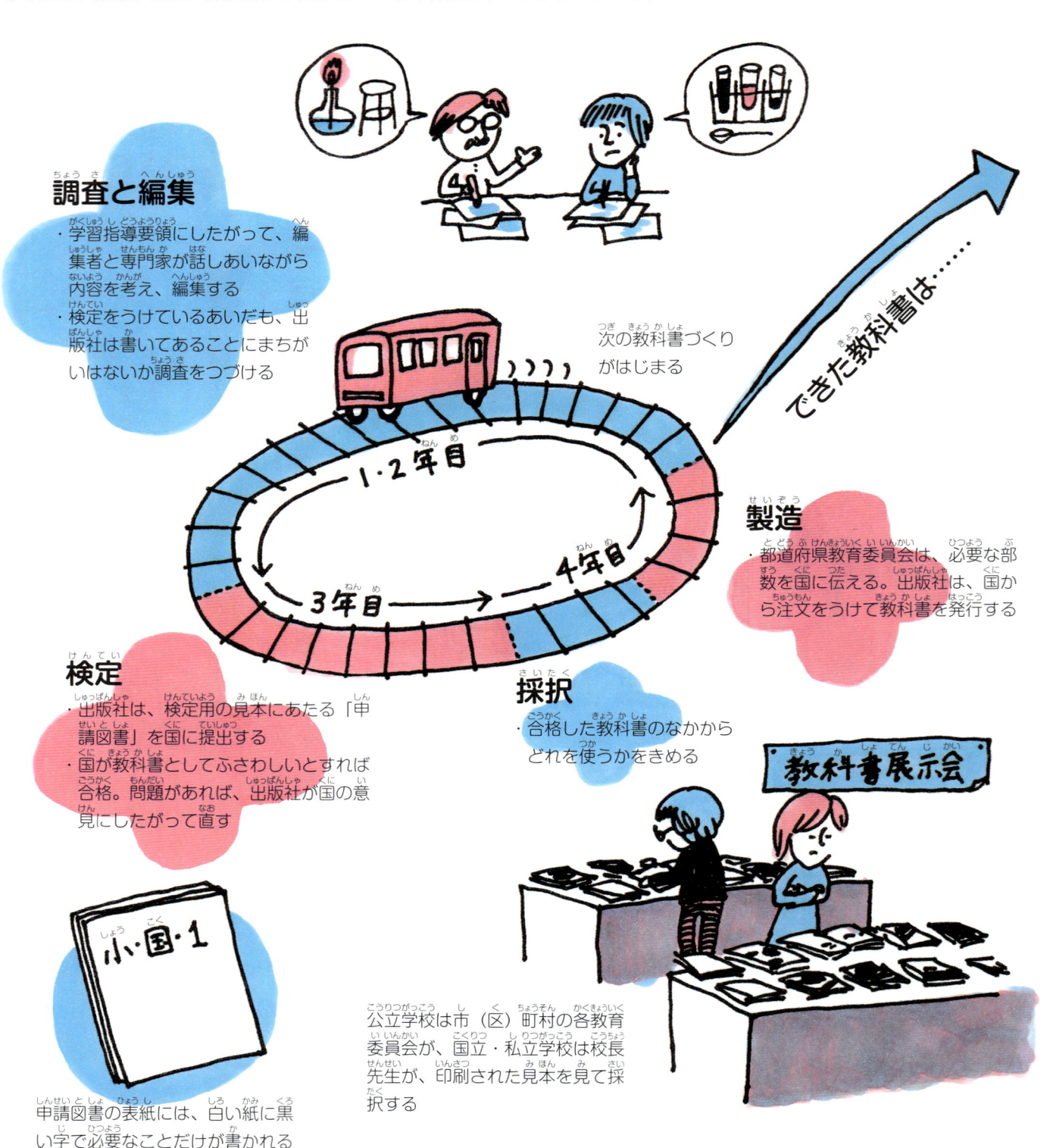

調査と編集
・学習指導要領にしたがって、編集者と専門家が話しあいながら内容を考え、編集する
・検定をうけているあいだも、出版社は書いてあることにまちがいはないか調査をつづける

次の教科書づくりがはじまる

できた教科書は……

1・2年目

3年目

4年目

製造
・都道府県教育委員会は、必要な部数を国に伝える。出版社は、国から注文をうけて教科書を発行する

検定
・出版社は、検定用の見本にあたる「申請図書」を国に提出する
・国が教科書としてふさわしいとすれば合格。問題があれば、出版社が国の意見にしたがって直す

採択
・合格した教科書のなかからどれを使うかをきめる

教科書展示会

小・国・1

申請図書の表紙には、白い紙に黒い字で必要なことだけが書かれる

公立学校は市（区）町村の各教育委員会が、国立・私立学校は校長先生が、印刷された見本を見て採択する

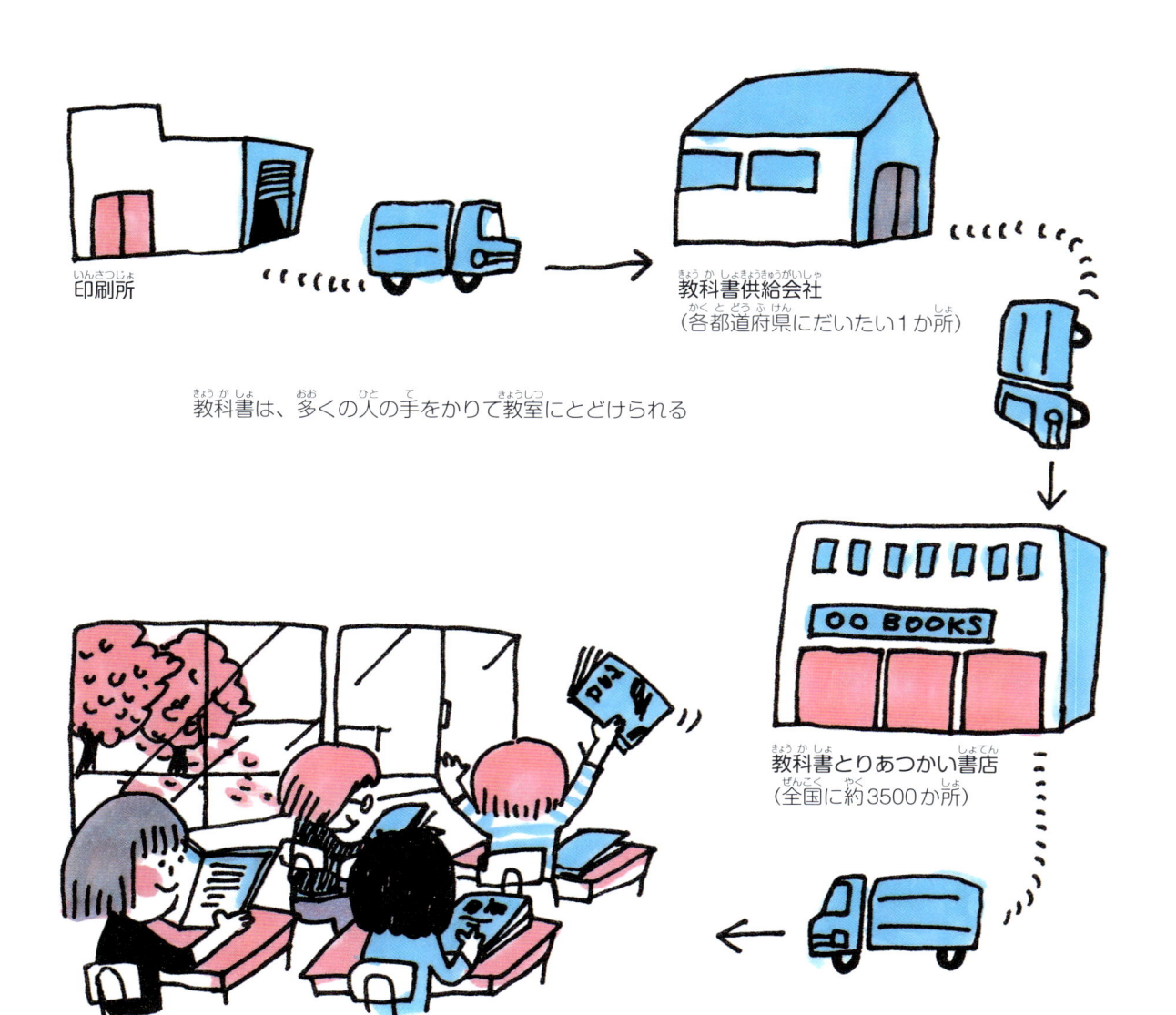

印刷所

教科書供給会社
（各都道府県にだいたい1か所）

教科書は、多くの人の手をかりて教室にとどけられる

教科書とりあつかい書店
（全国に約3500か所）

無料の教科書

日本の小学校では、教科書を使って授業をすることが、法律できまっています。
教科書は、むかしは自分で買うことになっていましたが、日本のすべての子どもが同じように教育をうけられるようにと、小・中学校の教科書を無料でくばるための法律ができました。これは、「日本国憲法」でさだめられた義務教育を無料にする精神につうじています。

むかしの日本の教科書

江戸時代の寺子屋では、往来物とよばれる、手紙を文章の手本とした教科書が使われていた。

明治になると、西洋の文化においつくようにと、国が学校制度をととのえた。そのため、外国の教科書を日本語に翻訳した教科書が多く使われた。おもしろいのは、日本語を学ぶための国語の時間にまで、英語などから翻訳した読本が使われたことだ。

戦争の時代に入ると、教科書は国がつくるようになった。第二次世界大戦まえには「ヘイタイ（兵隊）」や、日の丸をあらわす「アサヒ」ということばが見られるようになり、内容も、国のために戦う気持ちを起こさせるものになった。

※しくみ15「学校の歴史」（71ページ）も読んでみよう

バリアフリー教科書

みんなにくばられる教科書が使いづらかったり、使えなかったりする人のための教科書があります。

点字教科書

視覚に障がいのある人のために、採択された教科書をもとにして点字と点図などでかかれた教科書。点図は、地図、グラフなどをぼこぼこの線でかいたもの。

拡大教科書

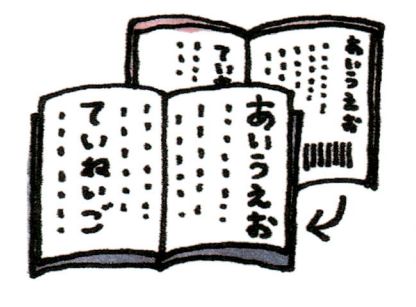

発達障がいや、弱視（視力が弱い）の人などのために、採択された教科書と同じ中身を、大きく印刷した教科書。文字や図が大きく、見やすくなっている。

マルチメディアデイジー教科書

発達障がいや、弱視（視力が弱い）の人などのために、採択された教科書と同じ中身を、デジタル化した教科書。音声を聞きながらハイライトされた文字を読んだりできる。

しくみ 13 給食の歴史

給食はこんなに変わった！

日本ではじめての給食は、まだ国全体がまずしかった明治時代のなかごろに、山形県のお寺の学校が出したものでした。給食は、「子どもが健康にすごせるように」と全国にひろまり、国も応援するようになりました。第二次世界大戦がはじまると食料が不足して、どの学校も給食をやめましたが、戦後は、ゆたかな国の手をかりて、給食をもう一度はじめることができました。おかげで、たくさんの子どもが栄養不足から救われたのです。その後、どんなときでも給食が出せるようにと、国は学校給食法をさだめました。

ところが、日本がゆたかになるにつれて、こんどはべつの問題がいろいろと出てきました。給食がどう変わっていったか、見てみましょう。

時代によって変わる給食

日本の学校給食は、世の中の動きにともなって役割を変え、メニューも、時代じだいで変わっていきました。

はじめての給食　明治のなかごろ、山形県のお寺の学校ではじまった

明治時代、日本の農村はまずしかった

おにぎり
つけもの
塩鮭

3食きちんと食べられない家もあった

●給食は国のあちこちにひろまり、やがて国が給食のためにお金を出すようになった

給食費はだれが出す？

戦前　寄付や、国の補助金にたよっていた

戦後　学校給食法で、学校と保護者が出すとさだめられた

パンとミルクの給食　第二次世界大戦後

戦争に負けて、食料がたりなくなった

脱脂粉乳　パン
鯨のたつたあげ

ユニセフやアメリカが、小麦粉やミルク（脱脂粉乳）を送ってくれた

●パン、おかず、ミルクという栄養のある給食がはじまった
国は、給食のしくみをととのえるために、学校給食法をさだめた

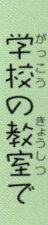

食について考える給食

バブル経済後
1990年代〜

●ゆたかになった日本には、食にかんする新しい問題が出てきた。給食は、正しい食生活について知り、自分の体と、日本の文化を守っていくための勉強という役割をになうようになった

食にかんする新たな問題

戦後のパン給食も手伝って食生活が変わり、伝統的な日本食がわすれられがち

栄養のとりすぎ、かたよりで、子どもにもひまんや生活習慣病がふえている

家族みんなでそろって楽しく食べることが、少なくなってきている

季節に関係なく、世界じゅうから安い野菜が、高い輸送費をかけて日本にとどく

食べものを大量に安くつくるために、安全がないがしろにされている

栄養士の先生ってすごい！

栄養士の先生は、まるでパズルのように、たくさんのことを組みいれながら毎日の献立をたてています。

そのほかにも、こんなにたくさんの仕事をしています

調理場で、料理のつくりかたを教える

給食にいくらかかったのかを記録する

どんな材料がどれだけいるのか計算して、注文する

アレルギーのある児童のための献立を用意する

先生といっしょに、教室で食にかんする話をする

牛乳のなぞ

献立は毎日変わるのに、牛乳だけはいつもついてくるのはなぜでしょう？　ふしぎに思って調べてみると……。
戦後の日本は、ほかの国の手をかりて栄養のバランスがとれた給食を出すことができるようになりました。「主食、おかず、ミルク」の3つがそろった給食は「完全給食」といわれました。その完全給食が、いまでも日本の給食のお手本とされているのです。

しくみ 14 国境（こっきょう）

世界にはいろいろな形をした国があります。どうしてそうなったのでしょう？

国の形は、「ここまでが自分の国」ということをしめす国境線できまります。国境をきめだしたのは、人類の長い歴史でも最近のこと。ヨーロッパの王国などがはじめました。

その後、ヨーロッパの国ぐには、あらそって植民地をつくり、世界じゅうに線を引いていきました。その線が、いまの世界地図のもとになっています。

国境は変化します。どうきめても、かならずそんをする国や、宗教や民族や政治のちがいから不満をもつ人が出るからです。これまでも、世界の国ぐには、話しあい、交換、買う、戦争などさまざまな方法で線を引きなおし、いまの国の形ができあがりました。国の形は、その国の歴史をあらわしているといってもいいでしょう。

国の形には、わけがある

国の形は、その国の歴史をあらわします。いまの形になったわけをさぐってみましょう。

宗教上の理由

●アイルランド
宗教のちがいから、島の一部だけがイギリスになった

ぼうしみたい

政治上の理由

●北朝鮮と韓国
めざす国のしくみがちがうため、もともとひとつだった国が南北にわかれた

地形上の理由

●チリ
東側の長いアンデス山脈と、西側の太平洋にはさまれているので、南北に細長い

うわあながーい！

植民地時代のなごり

●モーリタニア、マリ、アンゴラ、ナミビアなど
アフリカを植民地にしていたヨーロッパの国ぐにがかってに話しあい、地図に線を引いてわけたので、国境が直線になっているところが多い

じょうぎで引いたみたい

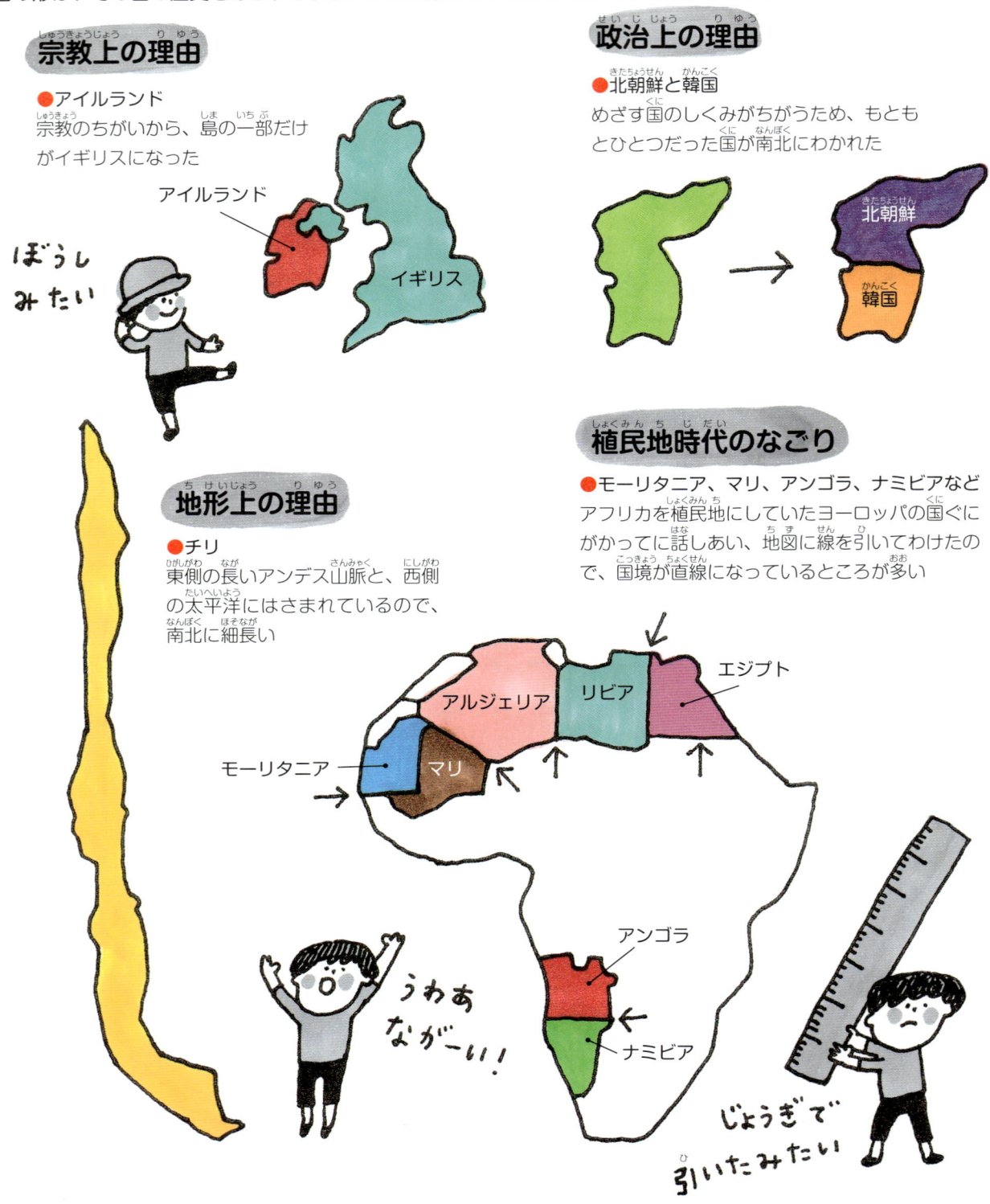

民族上の理由

●スロベニア、クロアチア、ボスニア・ヘルツェゴビナ、セルビア、モンテネグロ、コソボ、北マケドニア

それぞれにちがうことばや文化をもった民族が集まってひとつの国（ユーゴスラビア）をつくっていたが、それぞれの民族ごとにわかれた

ふん！　ふん！

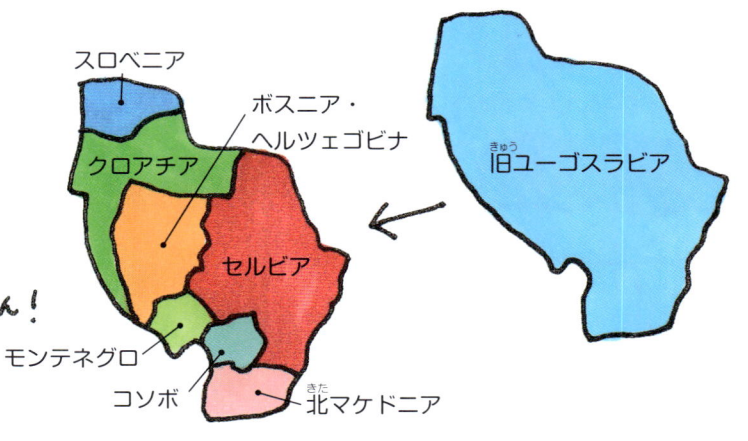

スロベニア
ボスニア・ヘルツェゴビナ
クロアチア
セルビア
モンテネグロ
コソボ
北マケドニア
旧ユーゴスラビア

だれのものでもない

●南極大陸
世界の国ぐにが共同で管理している

みんなのもの

買いたしたりして大きくなった

●アメリカ合衆国
独立したときは小さかったけれど、まわりの土地を買ったり、戦争や話しあいで手に入れたりして大きくなった

独立したとき

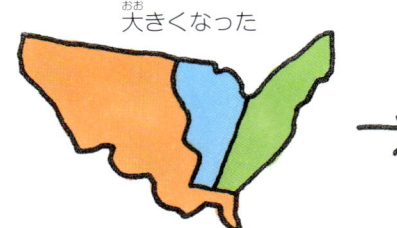

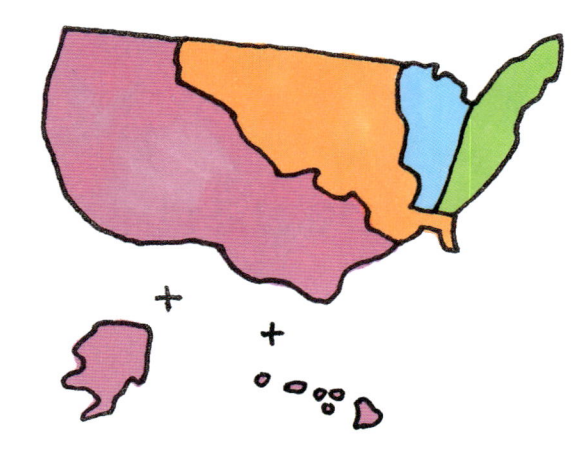

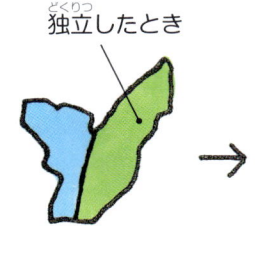

どんどん大きくなるぞ

69

ほかの国に入るときには

自分の国にあぶない人やものを入れないために、どの国も国境で手続きをすることになっています。

入国審査

自分の国が発行したパスポートを見せる

いく国の大使館または領事館から、前もってビザ（入国してもいい人物だと証明する書類）をもらう必要がある国もある

手続きがおわったら、スタンプをおしてもらう

荷物の検査

絶滅のおそれのある動物・植物など、もってとおれないものや、税金のかかるものがないかを調べる

うつる病気の検査

細菌、ウイルス、寄生虫が国境をこえないように、検査する。また、植物や動物も安全かどうか調べる

動きつづける世界

第二次世界大戦以降は、各国が協力しあって問題を解決しようという動きが出てきました。国際連合は、200国ちかくが参加する、国際協力のための組織です。ヨーロッパ連合（EU）内ではパスポートなしで国境を行き来でき、加盟国のほとんどが同じ通貨を使います。

その一方で、自分たちだけの国をつくりたいと思う人びととそれに反対する人びととのあらそいや、領土をとりあうあらそいなどが、まだ世界のあちこちで起きています。

しくみ 15 学校の歴史

学校っていつからあるのかな？

　むかしは、勉強は、おぼうさんや貴族、武士のすることでした。ふつうの家の子ども は、おとなの手伝いをしながら、くらしに必要なことをおぼえ、はやくからおとなと同 じようにはたらきました。ところが、江戸時代に商業がさかんになると、みんなが読み 書きや計算ができないとこまるようになりました。そこで、子どもたちは仕事の手があ くと、寺子屋に勉強をしにいくようになりました。

　明治時代には、いろいろなことを西洋からとりいれて、ゆたかな国になろうとしまし た。そのためには、国民が知識を身につけなければなりません。そこで、国は学校のし くみをととのえて、子どもが集中して勉強できるようにしたのです。

　子どもの生活のうつりかわりを見ていきましょう。

71

子どもの生活の変化

むかし、子どもは仕事をするものだと思われていました。けれども、時代とともに学校の重要性がましてきて、現代では子どもが勉強をすることがあたりまえと考えられるようになりました。

農民や町人の子どもは勉強をせず、うちの仕事を手伝ったり、よそにはたらきに出たりするのがふつうだった

だれにでも読み書きが必要になると、町人の子は寺子屋にいくようになった。先生はひとりひとりに勉強を教えた

学制という法令で学校のしくみがととのうと、ひとりの先生がおおぜいに、国のきめたことを教える授業がはじまった

1872年

江戸時代の寺子屋 ➡ 明治5年　学制（学校のはじまり）

第二次世界大戦と学校

学校のしくみが世の中になじむころ、日本は戦争の時代に入った。第二次世界大戦の直前、小学校は国民学校と名前を変え、国を愛することが重要とされて、戦争に役立つ授業や集団訓練がおこなわれた。苦しい戦争が長びくと、学用品がたりなくなり、勉強よりも国のためにはたらくことが多くなった。

※しくみ12「教科書」（59ページ）も読んでみよう

小学校が義務教育になるが、男子でも学校にいくのは半分。女子には勉強はいらないと思われていた

学校のたいせつさが人びとに理解され、また授業料が無料になったため、男子の大半が小学校にいくようになった

第一次世界大戦後には、女子もほとんどが小学校にいくようになったが、基本的に、男女はべつに勉強した

1886年
明治19年　小学校令（義務教育）

1900年
明治33年　第3次小学校令（授業料無償化）

戦後の学校

第二次世界大戦がおわると、平等で、ひとりひとりをだいじにする時代がやってきた。1947（昭和22）年に学校教育法が制定され、現在の小学校のしくみができた。また、障がいなどをもつ、とくべつな手助けが必要な児童の義務教育のしくみも、じょじょにととのっていった。

73

いろいろな学びのしくみ

国が学校のしくみをととのえて150年以上がたちました。そのあいだに世の中は変わり、むかしのしくみだけでは問題が出るようになりました。なかでも不登校の問題は、すべての子どもに学ぶ権利を保障するために解決しなければならない、重要な問題です。そこで、義務教育にさまざまな学びのしくみがあらわれました。

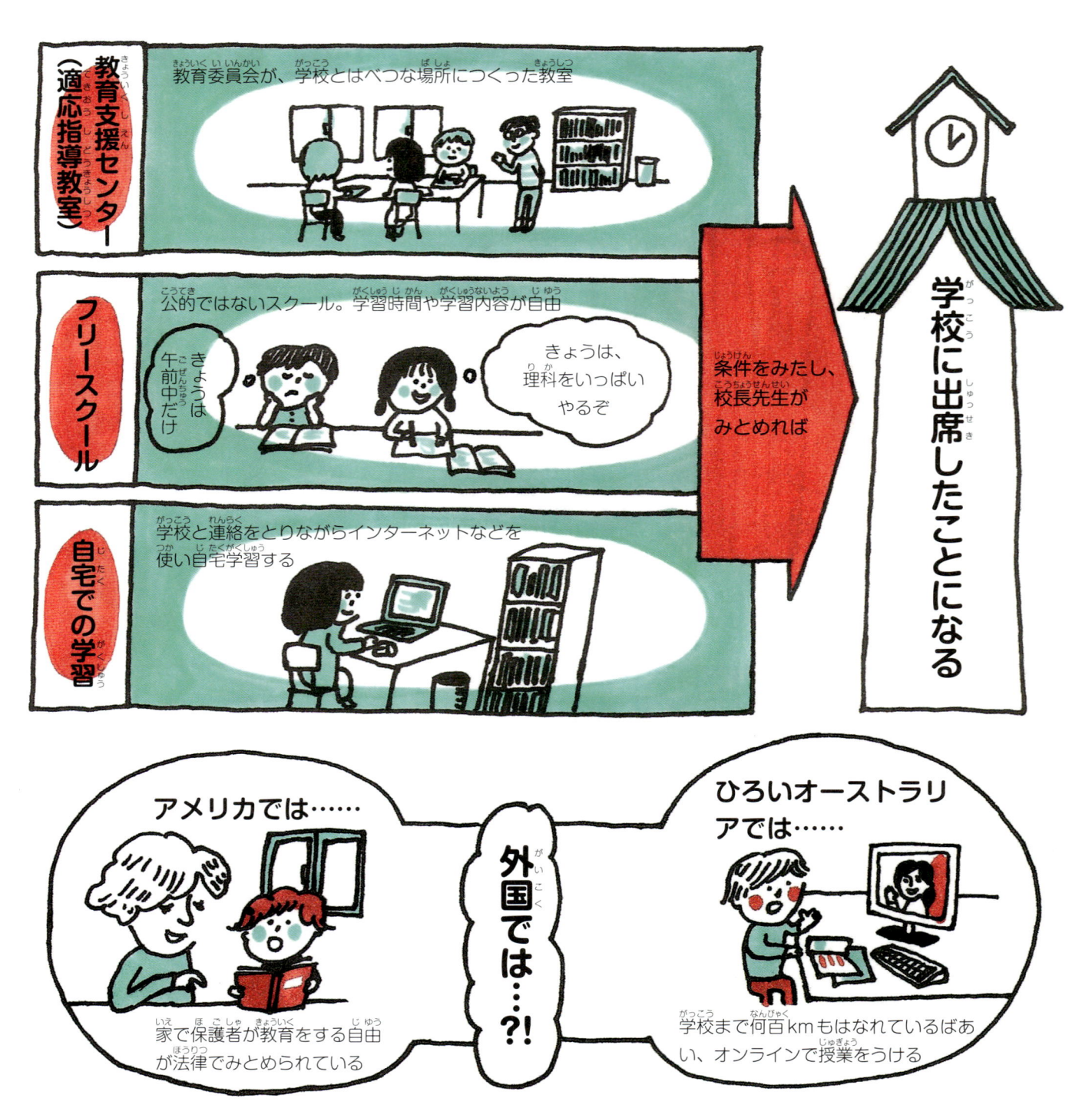

しくみ 16 暦

暦は、生活をしていくなかで、なくてはならないもの。そのしくみや歴史は？

　もし、カレンダーがなかったら……。朝がきて夜になり、また朝がきてと同じような日がくりかえされ、いったいいつ学校にいき、いつ休めばいいかが、わからなくなってしまうでしょう。
　むかしの人も、暦がないとこまりました。作物の種をまく日をまちがえると、1年分の食料がだいなしになるのですから。そこで自然をよく観察し、星や太陽などの天体が、ある期間にきまった動きをすることに気がつきました。毎日形を変える月は、なかでもいちばんわかりやすい例でしょう。
　こうして観測した結果、月がだんだん丸くなり、また細くなって消えるまでをひと月ときめたり、地球が太陽のまわりを1周する期間（これを太陽年といいます）を1年ときめたりしました。このように月と太陽の動きをもとにした暦には、太陰暦、太陽暦、太陰太陽暦があります。

月と太陽の動きからつくられた暦

暦には、月の動きをもとにした太陰暦、太陽の動きをもとにした太陽暦、その中間といえる太陰太陽暦があります。それぞれのしくみを見ていきましょう。

 **太陰暦**　中国をはじめ世界でいちばん古くから使われている暦で、現在はイスラーム教を信仰する人びとが使っている

● 月の動きをもとにきめる

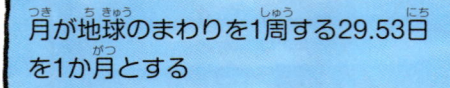 月が地球のまわりを1周する29.53日を1か月とする　→　季節がひとめぐりする12か月を1年とする　1年は29.53日×12か月＝約354日

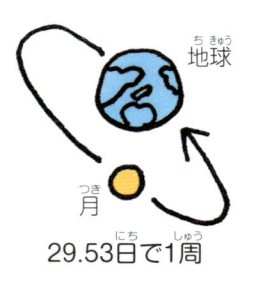 地球　月　29.53日で1周

月の形で何日かわかるんだ

 1日　4日　8日　11日　15日　18日　22日　25日　28日

太陰暦の1年では、お正月が夏にくることも！

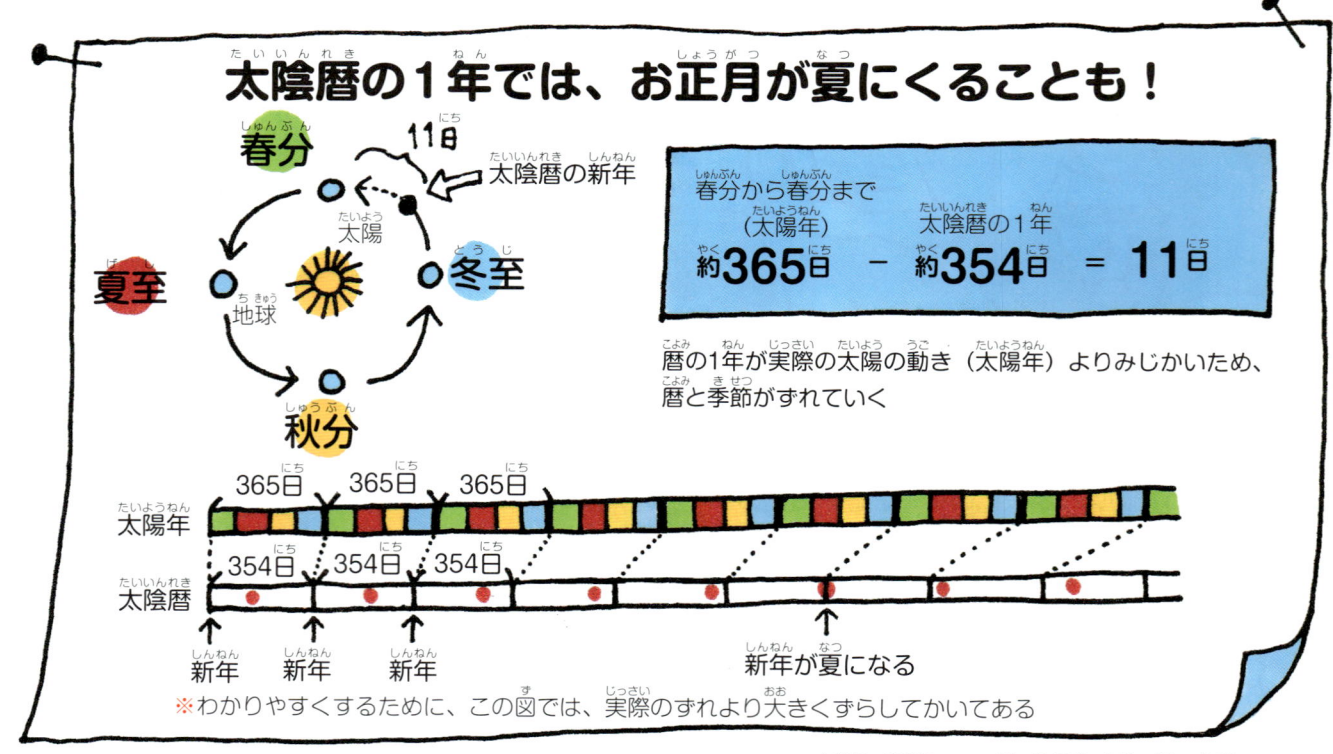

春分　11日　太陰暦の新年　太陽　冬至　夏至　地球　秋分

春分から春分まで（太陽年）約365日 − 太陰暦の1年 約354日 ＝ 11日

暦の1年が実際の太陽の動き（太陽年）よりみじかいため、暦と季節がずれていく

太陽年　365日　365日　365日
太陰暦　354日　354日　354日

新年　新年　新年　　　新年が夏になる

※わかりやすくするために、この図では、実際のずれより大きくずらしてかいてある

＊新月を1日とする古い中国の暦を例に説明

 **太陽暦** 古代エジプトではじまり、すこしずつ変化して、いまのかたちになった。
現在では、世界のほとんどの国で使われている

●太陽の動きをもとにきめる

| 地球が太陽のまわりを1周する約365日を1年（太陽年）とする | → | 古い暦にしたがい、1年は12か月 1か月は、365日÷12か月＝約30日 |

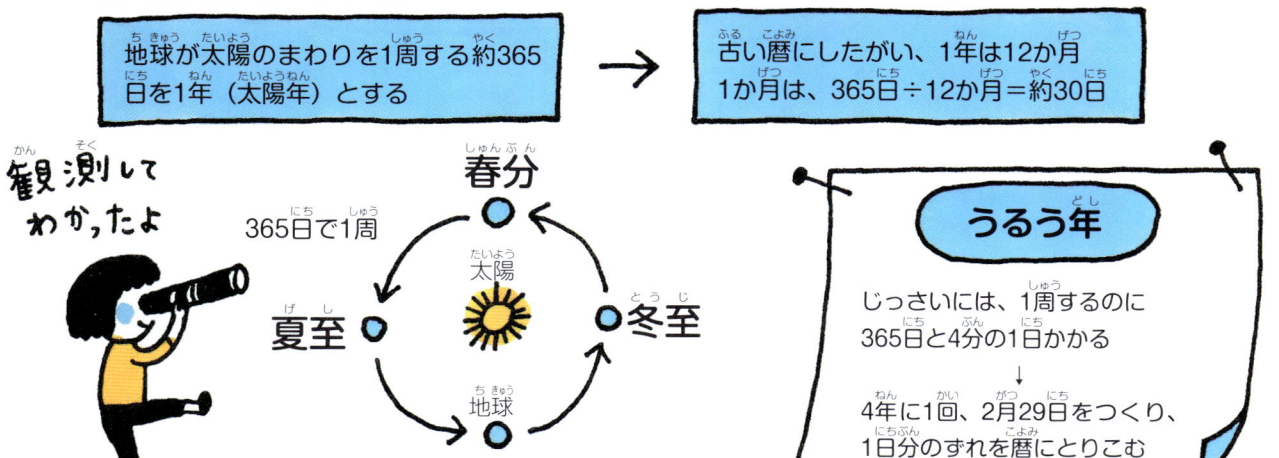

観測してわかったよ

春分

365日で1周

太陽

夏至　　　冬至

地球

秋分

うるう年

じっさいには、1周するのに
365日と4分の1日かかる
↓
4年に1回、2月29日をつくり、
1日分のずれを暦にとりこむ

 **太陰太陽暦** 世界の多くの場所で、太陽暦になるまえに使われていた

●月と太陽の動きをもとにきめる

| ・月が地球のまわりを1周する29.53日を1か月とする ・太陽年を1年とする | → | 太陰暦の1年は29.53日×12か月＝約354日で、太陽年に11日たりない |

3年で
だいたい
1か月
ずれるんだ

太陽

地球

365日で1周
（太陽年）

11日のずれ×3年
＝33日（約1か月）

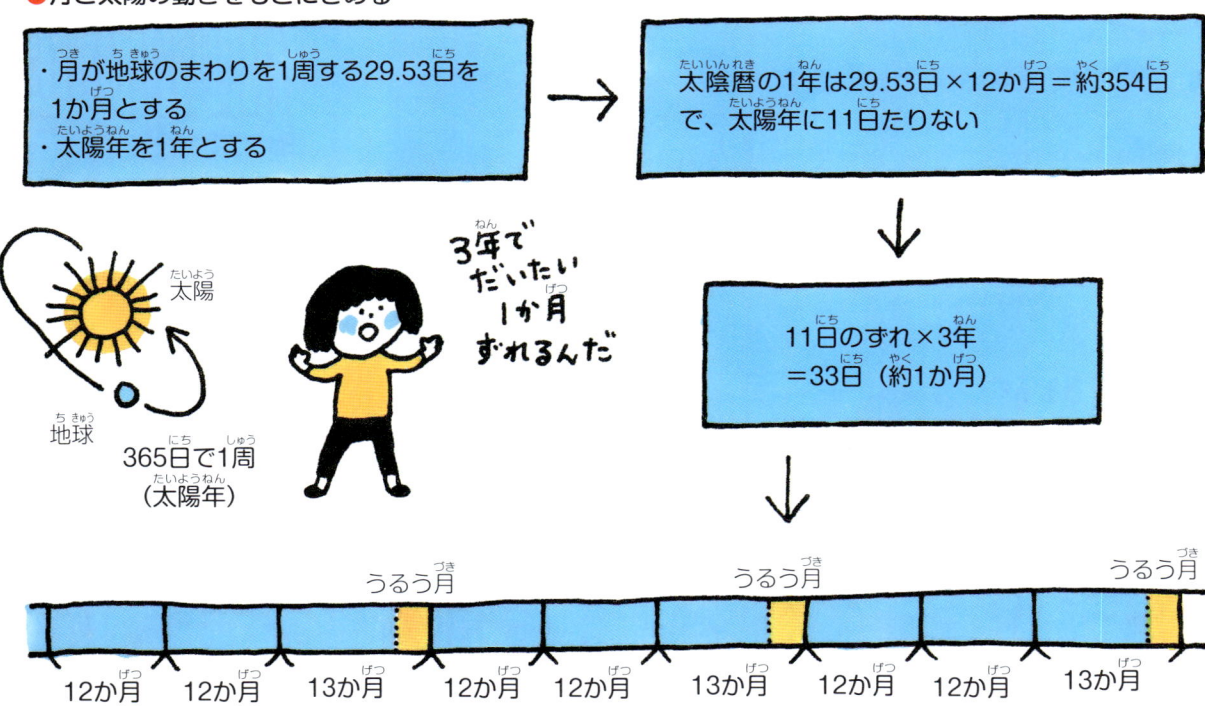

うるう月　　　　　うるう月　　　　　うるう月

12か月　12か月　13か月　12か月　12か月　13か月　12か月　12か月　13か月

※3年ごとにうるう月をつくり、暦にとりこむ

日本の暦

江戸時代
までは → **太陰太陽暦**

日本人は、江戸時代までは太陰太陽暦を使っていました。1000年以上もまえに中国から伝わった暦です。この暦には、日付のほかに、二十四節気や暦注がのっていました。これらは、いまの暦にものこっています。

今日は夏至って書いてあるよ

1年でいちばん昼が長い日だよ

明治時代
からは → **太陽暦**

明治時代になると、科学技術のすすんだ西洋の国ぐにを手本にするようになりました。そのため、西洋の国が使っている太陽暦をとりいれたのです。暦は生活の基礎なので、それが変わるのはおおごとでした。だれもが、新しい暦になれるまで、とても不便な思いをしました。

二十四節気

太陰太陽暦では、暦と実際の季節がすこしずれるため、1年を立春、夏至、大寒など、季節をあらわす24の時節にわけ、暦の上で季節がわかるようにしていた。

暦注

その日の運勢や、縁起のいい方向、縁起の悪いおこないなど。これらはただの迷信だが、1日のすごしかたをきめる、だいじなことがらとされていた。大安、仏滅なども、暦注のひとつ。

今日の運勢が書いてない暦なんて使いものになりゃしない

暦が変わったせいで、お父さんの命日がわからない…

しくみ 17 募金

募金箱に入れたお金は、いろいろな団体をとおしてこまっている人のために使われます。

町で、こまっている人のためにお金を集めている人たちをよく目にしますね。人だすけのために大金を出せる人はあまりいません。また、遠くの人たちを直接たすけることは、かんたんにはできません。でも、募金に協力すれば、専門の組織とボランティアが、みんなが出しあったお金を、日本じゅう、世界じゅうの人のために役立ててくれます。

では、いったいどのようなしくみで、必要な人びとにお金がとどいたり、こまっている人たちのためにお金が使われたりするのでしょう。残念なことに、募金といって集めたお金を、べつなことに使ってしまう犯罪も起きています。自分のお金が、きちんと必要なところに使われるかどうか、みきわめてから協力したいですね。そのためにも、募金箱に入れたお金がどうなるのかをさぐってみましょう。

街頭募金（日本での災害のばあい）

災害が起きたときに通行人が募金箱に入れたお金は、どのようにしてこまっている人のもとにとどいたり役立ったりするのか、お金の流れをおってみましょう。

支援金

義援金

NPOやボランティア団体に送り、緊急活動のために使ってもらう

募金団体や自治体をとおして送る

こまっている人はたくさんいるよ

時間がかからず、すぐに役立てててもらうことができる

お金を多くの人たちに平等にくばることができる

※81ページ「日本赤十字社」も読んでみよう

募金できる団体の例

日本赤十字社＋
義援金はそのまま必要とする人にくばられる

ユニセフ unicef
募金を使って世界じゅうの子どもをたすける

被災した都道府県
義援金配分委員会が、くばりかたのルールをきめる

ユニセフの活動
募金はボランティア活動の資金となる

被災した市（区）町村
ルールにしたがって、各家庭にくばる

子どもたち

子どもたちが健康で人間らしい生活をおくり、教育をうけられるようにする

被災した家庭

罹災証明書などの必要な書類をそろえて申請し、ルールにおうじた金額をうけとる

そのほかの代表的な団体

- 赤い羽根共同募金
  集めたお金はおもに集めた地域で使う
- 緑の募金
  国内外に緑をふやす
- あしなが育英会
  親がいなかったり、いてもはたらけなかったりする子どもをたすける
- 救世軍
  年末の「社会鍋」募金で知られている

町で募金をよびかける

もっとなにかがしたいと思ったら、自分たちで募金活動をすることもできますよ。

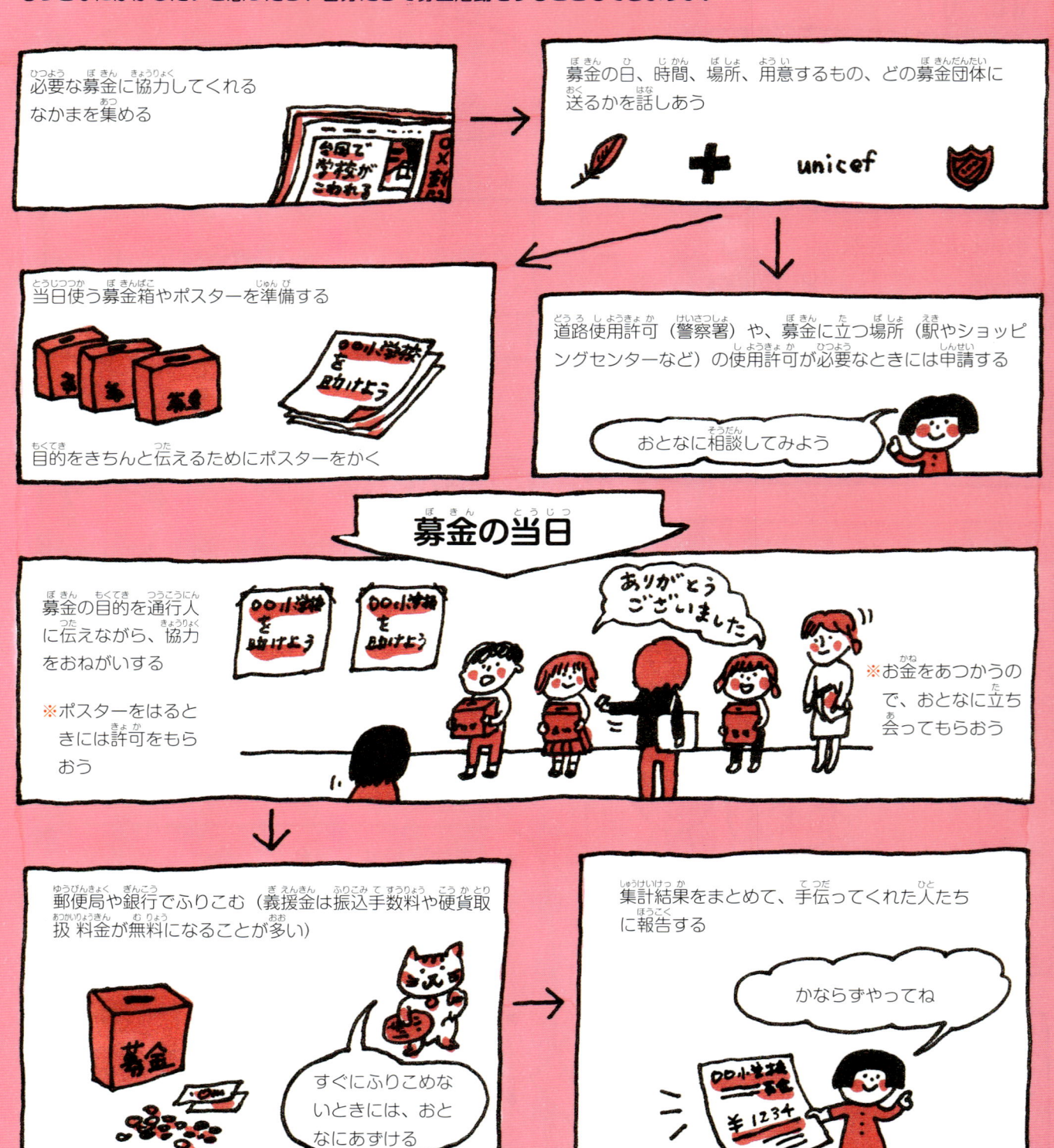

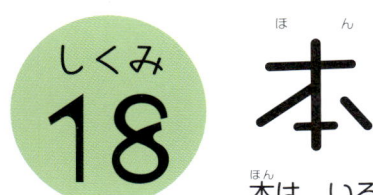

本

本は、いろいろな知識や考えかたを、わたしたちに伝えてくれます。

　古代の人間は、狩りの方法など頭でおぼえている「知識」を口から口へと伝えていました。やがて複雑なことを考えるようになると、知識の量がふえ、ぜんぶを脳に記憶しておくことができなくなります。こうして文字が発明され、知識を脳の外にためておくようになりました。これが本のはじまりです。近代まで、本は1文字ずつ手で書かれ、もしも同じものがほしいと思えば、手で書きうつすしかありませんでした。そのため、本はとても貴重でした。

　ところが、活版印刷術が発明されると、同じ内容の本があっというまにたくさんできるようになりました。かんたんに大量にできるということは、多くの人が本を手にできるということです。こうして本は一気に世の中にひろがっていったのです。

本の歴史

人間は、記憶しきれないほどの多くの知識を、文字や絵を使った「本」というかたちでほかの人やのちの時代に伝えてきました。本は時代とともにどのように変わってきたのでしょうか。

語りつぐ

おぼえていることを口で伝えたため、内容がいつも正確だとはかぎらなかった

絵で伝える

まじないのためにねがいを絵にして伝えた。これらは、何千年後のいまものこっている

文字の発明

石、木、パピルスなどに書く

板状か巻きもの状のものに、手で書かれた。材料が貴重なため、書かれる内容は宗教、学問、政治など大事なことのみだった

まちがえたら、小刀で表面をけずって書きなおしていたのだ

ねんど板

竹

布

石

パピルス

印刷機の自動化

さらに大量に安く印刷でき、多くの人が楽しめる本がつくられるようになった

情報革命 →

電子化

電子データを使った本はコピーが大量にすぐにできるため、紙に印刷するよりはるかにかんたんに、しかもはやく、安く、本をつくることができる

↑

産業革命

アジアでは、この何百年もまえに印刷技術が発明されたらしいよ

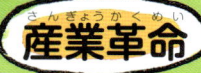

グーテンベルクの
活版印刷機の発明（15世紀なかごろのヨーロッパ）

→

正確な本が、大量に安くできるようになった。これまで想像もつかなかった数の本が、世に出まわった

活字にインクをつけて紙にうつす

←

中国では、紀元前2世紀に紙が発明されたの。それから1000年以上たって、やっとヨーロッパに伝わったのね

→

羊の皮を本のようにとじる

巻きものよりも読みやすく、多くの文字が書けた。ただし、まだ手で書きうつしていたため、正確ではなかった

→ ## 紙の伝搬

グーテンベルクの活版印刷機が発明されるまえとあととでは、本はどう変わったのでしょうか？　そして世の中はどう変わったでしょうか？

● 発明まえ ●

同じ本がほしいときには、1文字ずつ手で書きうつしていた。1冊しあげるのに数か月かかるのがふつうだった。そのため本は貴重で、一部の人しか読むことができなかった。

● 活版印刷機の発明 ●

金属でつくられた活字をならべて版をつくる。その上にインクをつけて、紙をのせ、印刷機にはさんで、上からおす。すると、活字の形にインクが紙にうつる。

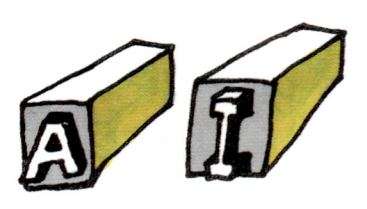

● 発明後 ●

大量につくられることで、たくさんの人が本を読めるようになった。知識をえ、さまざまな考えを学んだ人びとは、一部の人だけを中心に動いている社会に不満をもつようになった。やがて宗教や社会に革命が起こり、世の中は大きく変わった。

※しくみ21「図書館」（95ページ）も読んでみよう

しくみ 19 先生

先生になるには免許がいるの？

　みなさんのなかにも、将来は学校の先生になりたいと思っている人がいることでしょう。先生になるためには、まず、大学などで、児童・生徒に教える教科の内容とその教えかた、児童・生徒の体や心についてなど、多くの専門の勉強をして「教員免許状」をとります。次に、公立学校のばあいは都道府県ごとにおこなわれる「教員採用候補者選考試験」（教員採用試験）をうけます。各学校の先生は、この合格者（候補者）から採用されます。不合格、不採用者は、臨時教員に登録して、学年の途中で、病気やお産などによる臨時教員採用をまつことができます。私立学校のばあいは、学校ごとにおこなわれる先生の募集に応募したり、都道府県ごとの「私学教員志望者名簿」に登録するなどの方法があります。

先生になるまでの道

先生になるための道はいくつかありますが、ここではいちばん多くの人がとおる道を見ていきましょう。

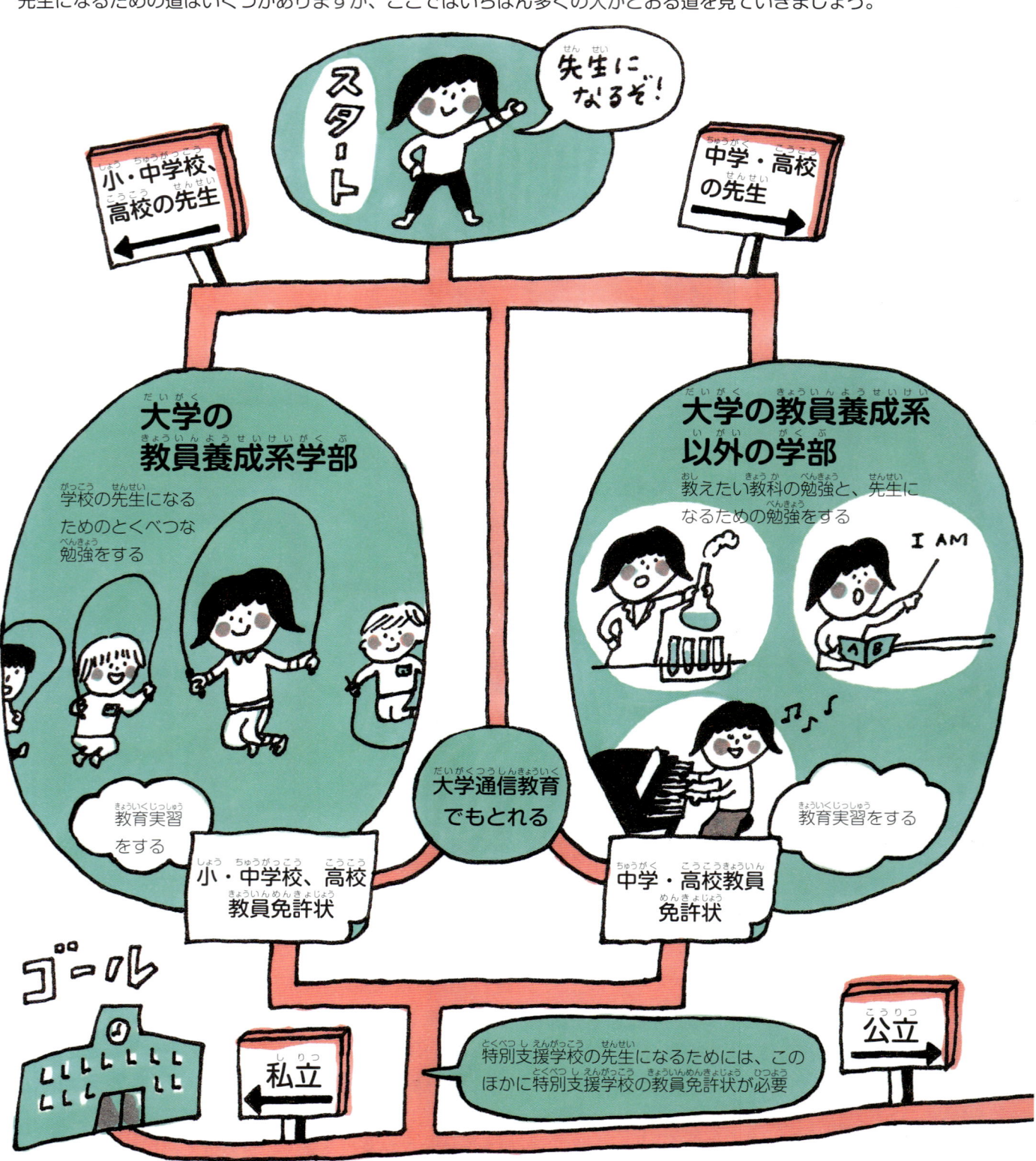

ゴール

面接など　2、3月ごろ

ことしの
採用人数
がきまった

校長先生

研修

採用され、はたらきはじめてからも、正しいことをきちんと教えるために、先生はいつも研修をうけるなどして勉強しなくてはならない。

合格！
7〜9月ごろ

○年度の
候補者名簿

都道府県ごとの教員採用試験

・1次試験と2次試験がある
・2つ以上の都道府県の試験をうけてもいい

・次の4月から採用する教員はここから選ばれる
・不合格、不採用者は臨時採用募集をまつ

先生の仕事

授業以外にも、先生はこんな仕事をしています。

教室で

保護者会

教室の整理整頓

学校内で

行事の準備

クラブ活動

職員室で

授業の準備、テストの採点

職員会議

学校の外で

研修

地域やほかの学校との連絡

先生の夏休み

夏休みにみなさんが休んでいるあいだ、先生もずっと休んでいるわけではありません。日直で学校の仕事をする、ふだんは時間がなくてできない仕事をする、研修で勉強するなどの仕事をしているのです。

しくみ 20 市議会

市議会ってどんな会議？

　お楽しみ会など、クラスでなにかをするときには、まず学級会で話しあいをしますね。そして、きまったことをもとに、学級委員や実行委員が中心になって準備をします。市議会は、市にかんすることを話しあってきめる場所です（同じように、町には町議会、村には村議会があります）。そして、決定したことをもとに仕事をするのが、市長（町長、村長）です。市議会が学級会とちがうのは、市民全員では多すぎるので、代表を選んで会議をするということです。市民は、自分と同じ意見の人を選挙で選び、会議をしてもらいます。また、選んだ代表に自分の考えを伝えて、それを市議会で話しあってもらうこともできます。
　議会がどのようなしくみになっているのかを、図で見てみましょう。

市議会の会議

議会は、みんなが自由に発言する学級会とはすこしちがっているようです。会がどのようにすすんでいくのか、見ていきましょう。

本会議

● 会議のまえに、「議事日程」がくばられる

市長や議員が出した話しあう内容（議案）と、それにかんしてどの議員がどんな質問をするかが書いてある

● 出席人数をたしかめる

きめられた人数が出席していないと、会議をひらくことができない

● 議案説明と質疑応答

議案の説明をしたあと、各議員が質問をし、市長や教育長などの関係者が質問に答える

請願と陳情

市民の意見を聞くことは、市議会のだいじな仕事のひとつだ。市民からの提案も、本会議で話しあわれ、最後にその議案をとおすかどうかを採決する。提出者が理由などを説明することもある。
※ 多くの議会では、市民が出す意見や要望（提案）のうち、議員の紹介があるものを請願、ないものを陳情とよんでいる

委員会

● 質疑応答のあとは、委員会で少人数での審議をする

係りの議員が、本会議の質問や意見を参考にして、問題点を調べたり、話しあったりする

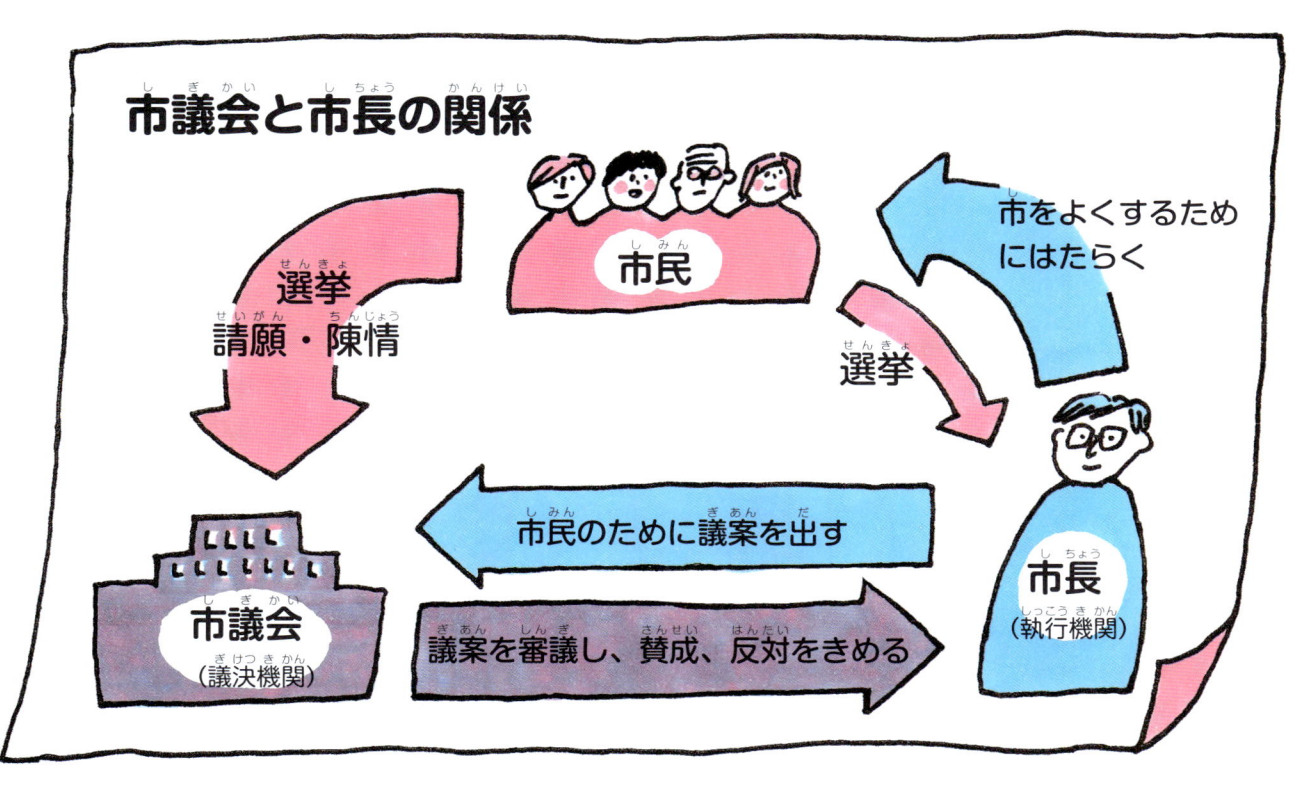

市議会と市長の関係

市民

選挙
請願・陳情

市をよくするためにはたらく

選挙

市議会
（議決機関）

市民のために議案を出す

議案を審議し、賛成、反対をきめる

市長
（執行機関）

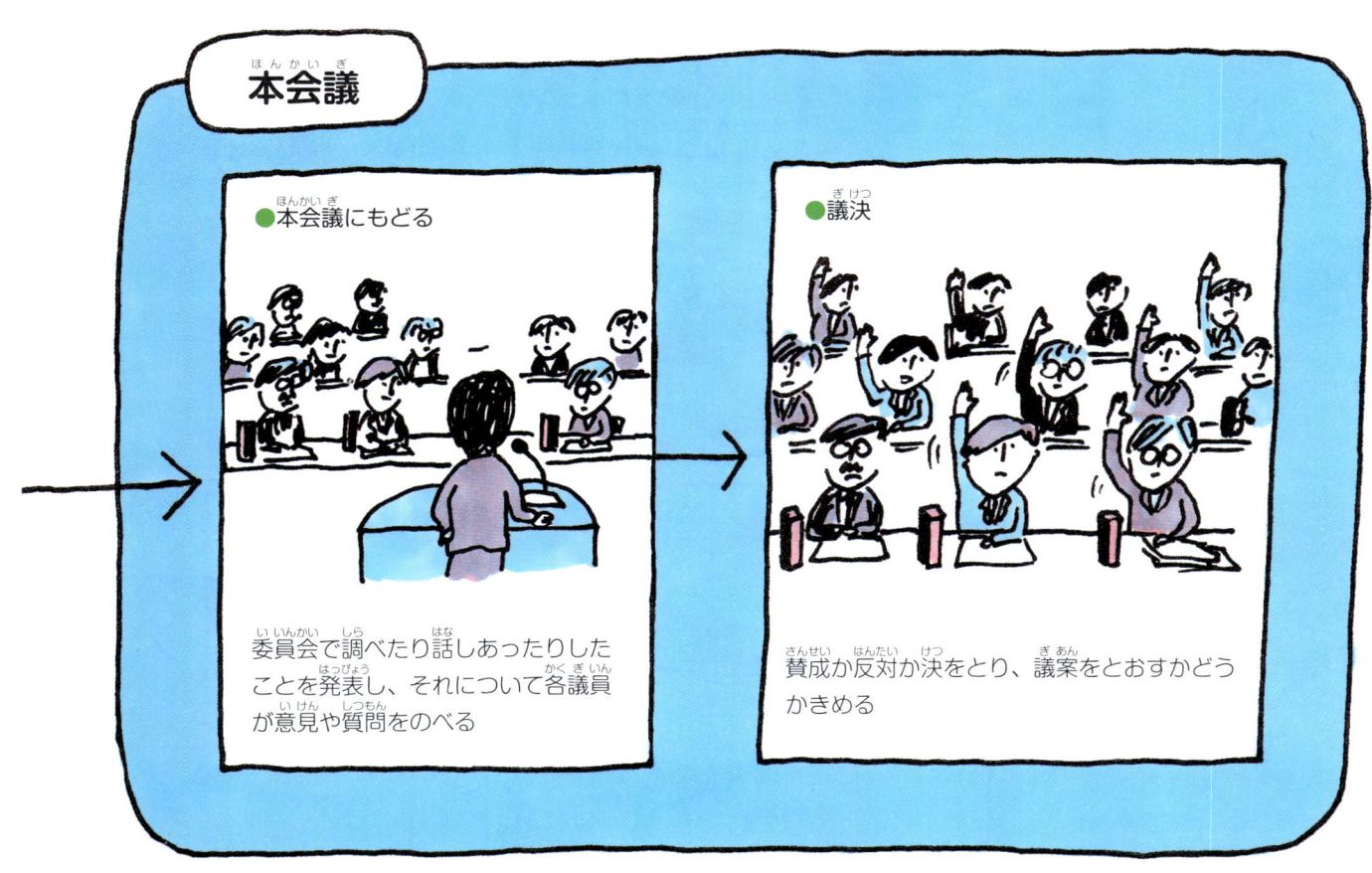

本会議

●本会議にもどる

委員会で調べたり話しあったりしたことを発表し、それについて各議員が意見や質問をのべる

●議決

賛成か反対か決をとり、議案をとおすかどうかきめる

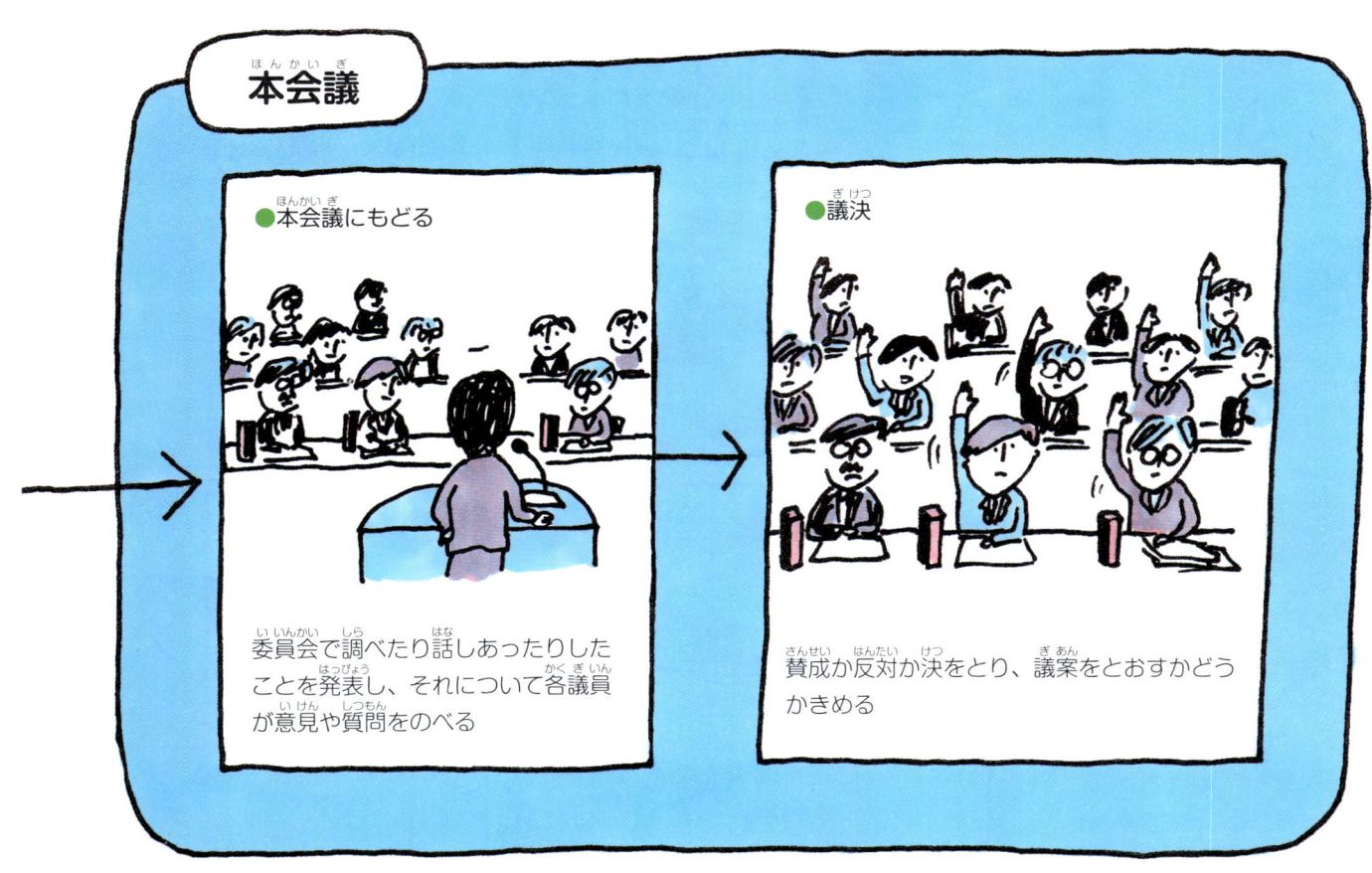

本会議を傍聴したよ！

本会議は、だれでも見学する（傍聴する）ことができます（市によっては、小学生以下の子どもの傍聴に許可がいることもあります）。また、多くの市では、会議のようすをテレビ、インターネット、役所のモニターで生中継、録画配信しています。

これが、傍聴席からのながめです。じっさいに傍聴してみると、ごみ処理場や学校のことなど、みぢかな問題を話しあっていて、興味ぶかかったです。高いところにある傍聴席からは、市長や議員のようすがよくわかりました。

速記者
会議の発言を記録する係りがふたりいる。ふつうの文字で書いたのでは話すはやさについていけないので、速記文字というとくべつな記号を使う。最近は録音による記録に変わってきている。古い速記のやりかたはこの先なくなるだろうといわれている

市長

議長

発言者

発言がよく聞こえるように、まえにマイクがおいてある

議員

役所のロビーや家などで、議会のようすを見ることができる

記者席

傍聴席

席についたら、名札をたてる

たおれているばあいは欠席

しくみ 21 図書館

たくさんの「知識」を集めて管理しているところです。

社会の宿題どうしよう

議会について調べないとね

図書館にいってみようかな

○○×図書館

図書館ってなんかめんどくさそう

わたし図書館だいすき！すきな本がすきなだけ読めるし

本！？うえーっ

　学校や地域にある図書館は、本などの資料がたくさんそろい、だれでも無料で借りることができる便利な施設です。じつは、図書館は2700年もまえからありました。そんなむかしから人間は、「知識」を集め、たいせつにとっておこうとしていたのです。
　図書館の役割は、だれもが「知識」をえられるように、本を収集・管理し、貸し出すことです。また、本をとおして地域の人のつながりを強める仕事もしています。さらに、何歳になっても勉強をしたいという人がふえたこの時代には、レファレンスという調べものの機能も注目されるようになりました。
　図書館とはどんなことをする施設なのか、くわしく見ていきましょう。

図書館

図書館には、国民の「知る自由」を守り、国民に「知と楽しみ」をあたえるというだいじな役割があります。そのために、おもに4つのことをしています。

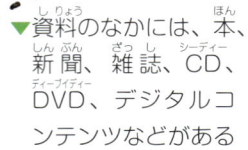

● どんな本を買うかをきめる
● 買った本を分類する
● きまった場所にしまう
● 本の修理

▼ 資料のなかには、本、新聞、雑誌、CD、DVD、デジタルコンテンツなどがある

資料の収集・整理・管理

知る

資料の貸し出し

知と

▼ その図書館にない資料をほかの図書館から借りる、または新しく買うということができる

貸出カウンター

● だれでも無料で
● 手にとって選べる
● 移動図書館で多くの人にとどける

いろいろな図書館

図書館にはいくつか種類があり、それぞれの役割をもっています。これらの図書館は、たがいの資料を貸し借りする、分担して資料を集めるなどの協力をしています。

国立国会図書館

・国民と国の機関のために資料を用意する
・個人への貸し出しはしない。図書館内で見る、コピーするのみ
・18歳以上が利用できる
・日本で出版されたすべての本がある

国会議員も利用しています

公立図書館

・都道府県の図書館や、市（区）町村の図書館
・地域のだれでも利用できる

おはなし会、講演会などで地域の交流にも力を入れている

●地域の人のいこいの場
●本の楽しさを伝える
●本をとおして文化を育てる

▼図書館の掲示板やホームページには、楽しい行事のお知らせが出ている

自由

楽しみ

地域の文化センター

レファレンス

▼手紙やインターネットを使って質問することもできる

●本をさがす
●調べものを手伝う

大学図書館

・大学がもっている図書館
・専門分野の研究のための資料がある
・学生の学習に役立つ資料がある

専門図書館

・専門分野にしぼった資料がある
・経済、文学、食文化、まんが、スポーツ、子どもの本、鉄道など分野はさまざま
・関係者だけが利用できるところや、入場料がかかるところもある

学校図書館

・学校にかならずつくることと法律できめられている
・授業に使う資料がある
・読書がすきになるための楽しい本がある

資料の管理

図書館の役割のひとつ「資料の管理」は、未来の人たちにも資料を使ってもらうためのだいじな仕事です。管理とは、本をいつまでも使えるように、きちんととっておくこと。じつは、本のまわりにはたくさんのきけんがひそんでいます。

本をだめにする敵たち

酸性の紙でできたむかしの本は、何十年かすると自然にぼろぼろになってしまうの

| 虫やカビ | 紙の酸化 |
| 紫外線 | 乱暴なあつかい |

本を守る

・書庫の温度、湿度、光の量を管理する
・1冊ずつ、中性の厚紙でできた容器や封筒、とくべつなフィルムのふくろに入れる
・利用者にていねいにあつかってもらう
・とくべつな技術で紙を酸性から中性にする
・いまでは、本はみんな中性紙に印刷されている

| 地震 | 火事 |
| 水害 | 戦争 |

本を守る

・災害のあとでは、現場にのこった本からどろなどのよごれをとり、かわかす作業が多くなる（火事でも、消火に水が使われるため）。大量の本をカビがはえるまえにかわかすために、多くのボランティアが必要になる。本を大量に冷凍し、そのままかわかす技術も使われる
・戦争では、貴重な資料がわざとこわされたり、ぬすまれたりすることもある

どれだけ注意をしても本がいたむのはとめられないし、焼けた本をとりもどすこともできない。そのため、だいじな本の内容は、本がきれいなうちにマイクロフィルムに写す、電子化するという作業がすすめられている

調べもの

いろいろな方法を組みあわせる

なにかを知りたいとき、みなさんはどうしていますか？　人に聞く、自分でたしかめる、本で調べる、テレビを見る、インターネットで検索するなど、いろいろな方法がありますね。どの方法がいいのかは、なんのために、なにを、どのていど調べたいかによってちがってきます。

たとえば「国境」について調べたいとき、ことばの意味は、辞書をひけば「国と国の境目」だとすぐにわかります。インターネットを使ったり本や図鑑で調べたりすれば、たくさんの国境のようすが写真つきで出てくるし、なぜ国境があるのか、国境はどうやってできたのかなどもわかります。国境をとおったことのある人に話を聞いたり、それこそ自分がいってみたりすれば、地図の線だけではないほんとうの国境のようすがわかるでしょう。

このように、調べかたはいろいろで、「これがいちばんいい」という方法はありません。それぞれに、いいところと悪いところがあるので、いろいろなやりかたを組みあわせると、よりよい結果が出るはずです。

めんどうくさいと思うかもしれませんが、調べものに王道なし。時間をかけていろいろな角度から調べれば、それだけ自分が必要としている答えに近づくことができるのです。

インターネットと本

インターネットなら、たくさんの情報をあっというまに集めることができます。それは、だれでも気軽に情報をのせることができるインターネットの利点です。けれども裏をかえすと、情報の信頼性にばらつきがあるともいえるのです。すべてをうのみにするのはきけんです。また、サイトのもちぬしがページを消してしまうこともあるため、もう一度見ようとしたらその情報にたどりつけなかったということも出てきています。

一方、図書館にある本は、図書館が責任をもって保管しています。また、1冊の本をつくるためには、まちがいがないように入念に調査をし、何人もの人が何度も文章を見なおします。そのため、書いてある内容はかなり信頼できるのです。

ただし、検索窓にキーワードを入れるだけという手軽さはありません。どの本を調べればいいのかがわかるようになるまでには、たくさん調べものをして訓練する必要があります。その第一歩として、図書館のレファレンスサービスを使ってみてください。図書館員さんが調べもののお手本を見せてくれるはずです。

3 町に出かけてみよう

　わたしたちは、家族や学校の友だちのように知っている人だけでなく、知らないたくさんの人とかかわりながら生活しています。

　たくさんの人がくらすためには、たくさんのルールやしくみが必要になります。たとえば、国の代表となる人のきめかた、もめごとの解決方法、そして病院の支払いにも、しくみやきまりがあるのです。そしてそのしくみの多くは、市（区）町村や都道府県、あるいは国が運営しています。

　運営するためのお金は、税金や保険料など国民が出したもの。税金や保険料は、自分のためだけでなく、おたがいに支えあう社会のしくみを守るためにも使われているのです。

　毎日学校に通うときにとおる道路も、ただそこにあるのではなく、税金が使われた、社会のだいじなしくみのひとつです。この章では、まず、そうしたしくみのことを知って、みんなが幸せに安心してくらせる社会について考えてみましょう。

しくみ 22 投票と選挙

政治の主役は国民。投票は、そのためのたいせつな権利です。

　自分が住んでいるこの国をどんな国にしたいのかを考え、きめるのは、わたしたち国民です。わたしたちにかわって、代表として政治をおこなうのは議員で、投票による選挙で選ばれます。日本では、18歳になると「投票」することができます。これが「選挙権」です。議員は、わたしたち国民の考えを聞いて仕事をしなければなりません。選んだ議員が、ちゃんと仕事をしていないとわかれば、次の選挙でべつの人を選ぶことで、自分の考えをあらわすことができます。

　また、きまった年齢になれば、議員に立候補する資格をもちます。これを「被選挙権」といいます。だれもが投票や立候補ができるということは、みんなが幸せに安心してくらせる社会をつくるために、とてもたいせつなしくみです。

国会議員になりたい！

選挙のやりかたや開票については、「公職選挙法」という法律で、ルールがこまかくきまっています。ここでは、国会議員（衆議院議員、参議院議員）に立候補して当選するまでの流れを見ていきましょう。

立候補

国会議員になりたい！

●立候補できる人
・日本国民
・衆議院議員　25歳以上
・参議院議員　30歳以上

法務局

・法務局にお金（供託金）をあずける（300万円〜600万円）
・本人の得票の数が、きめられた基準より少なければ、お金はもどらない
・世界では供託金制度のない国も多い
・供託金制度のある国でも、あずけなければいけないお金は、日本より少ない

立候補します

選挙長に届け出をする

選挙運動

選挙運動は、自分の考えをひろく伝えるためにおこなう

●運動期間
届け出の日から投票日の前日まで
・衆議院　12日間
・参議院　17日間

●選挙運動に使えるお金はきまっている
・衆議院議員小選挙区
　1910万円＋有権者数×15円まで
・参議院比例区
　5200万円まで

わたしは教育に力をいれていきます！

走りながら流すことができるのは、キャッチフレーズ（政策）と候補者名、所属政党名だけ

●選挙運動には、こんなものがある

選挙事務所	選挙公報	演説会	ポスター	宣伝カー
候補者ひとりにつき1か所。投票所から300m以内にはつくれない	玉川花子			玉川花子

街頭演説	ウェブサイト メール	政見放送	
×○駅	玉川花子		・有権者に、ただでのんだり食べたりさせてはいけない ・有権者の家や仕事場を訪問してはいけない

※議員の種類には、ここであげた国会議員のほかに、都道府県ごとに都道府県議会議員、さらに小さな市（区）町村ごとに市（区）町村議会議員がある。選挙の流れは、国会議員選挙のばあいと同じ

投票

●投票できる人
18歳以上の日本国民

18歳以上の人に自動的に投票券（投票所入場券）がとどく。それをもって投票所へ

投票所

立会人（2～5人）

投票用紙
投票箱　投票箱　投票箱

・選んだ候補者の名前を書く（比例区は政党の名前）
・だれがだれに投票したのかは、わからない

●投票日にいけなくても投票できる
期日前投票　不在者投票
在外投票　郵便等投票
といった制度がある

開票

投票時間がおわると、投票箱をとじてカギをかけ、開票所に運ぶ

開票所

開票立会人（3～10人）

① 開票開始宣言
開票をはじめます

その地区の有権者なら、開票のようすを参観できる

② 投票用紙を台の上にあけてまぜる

投票用紙は合成樹脂でつくった特別な紙。自然にひらく

③ 有効な票と無効の票をわける

無効　　有効

かんけいないことが書いてある、読めない、なにも書いてないなど

④ 有効な票を候補者ごとにわける
候補　候補

⑤ かぞえる
12345...

※疑問がのこらないように、点検と確認を何回もくりかえす

機械を使ってかぞえることもある

⑥ 投票数を確認する

当選！

⑦ 選挙会がひらかれ、当選人を決定する

開票管理者が、結果を選挙会へ提出する

みんなが投票できるようになるまで

日本ではじめておこなわれた選挙は1889（明治22）年。そのときに投票できたのはお金持ちの男性だけで、全人口の100分の1ほどでした。

1925（大正14）年に、お金持ちだけでなくすべての男性が投票できるようになりました。女性の参政権（政治に参加する権利）がみとめられ、20歳以上のすべての国民が投票できるようになったのは、1945（昭和20）年です。たくさんの人たちの運動の結果でした。

● 選挙権をもつ人のわりあいの変化

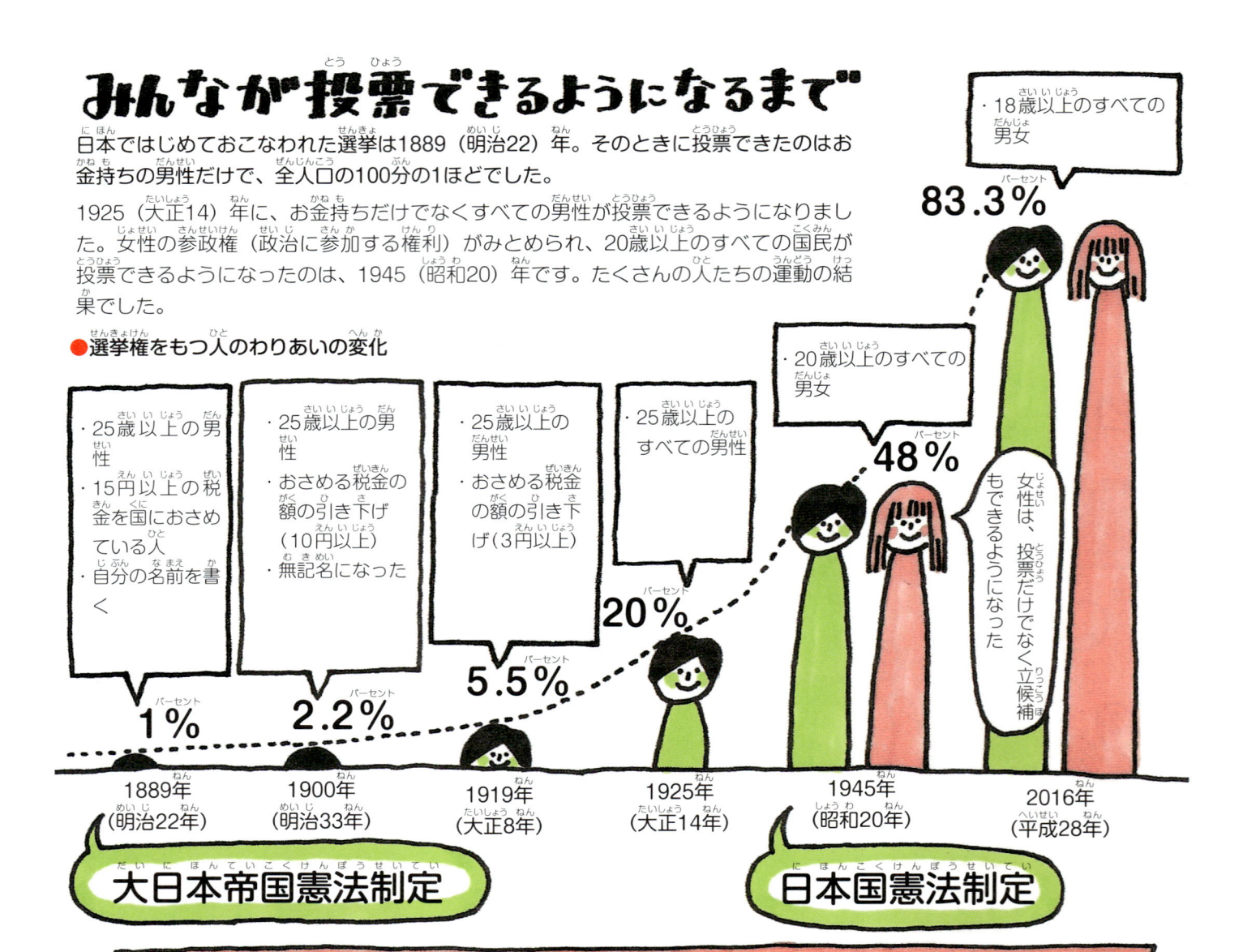

- ・25歳以上の男性
- ・15円以上の税金を国におさめている人
- ・自分の名前を書く

1%

1889年
（明治22年）

- ・25歳以上の男性
- ・おさめる税金の額の引き下げ（10円以上）
- ・無記名になった

2.2%

1900年
（明治33年）

- ・25歳以上の男性
- ・おさめる税金の額の引き下げ（3円以上）

5.5%

1919年
（大正8年）

- ・25歳以上のすべての男性

20%

1925年
（大正14年）

- ・20歳以上のすべての男女

48%

1945年
（昭和20年）

女性は、投票だけでなく立候補もできるようになった

- ・18歳以上のすべての男女

83.3%

2016年
（平成28年）

大日本帝国憲法制定

日本国憲法制定

世界各国の選挙権

選挙権がみとめられる年齢は、国によってちがいます。もっとも年齢が低いのはオーストリアやキューバで、16歳。逆にいちばん年齢が高いのはアラブ首長国連邦で、25歳です。

世界の多くの国（約170か国）では、18歳から選挙権がみとめられています。日本は、いぜんは20歳でしたが、法律が変わり、2016年に18歳に引きさげられました。

世界には、選挙のない国や、かぎられた人しか投票できない国があります。サウジアラビアは、国の議会の議員の選挙はなく、地方議会の選挙の参政権もずっと男性だけがもっていましたが、2015年から女性の参政権がみとめられました。アラブ首長国連邦では、国の議会の議員に立候補・投票できるのは、各首長が選んだ人にかぎられます。

※ しくみ1「何歳になったら『おとな』？」（11ページ）も読んでみよう

しくみ 23 裁判

すべての人には、公正な裁判をうける権利があります。

　裁判には、民事裁判と刑事裁判があります。

　日々のくらしのなかで、自分たちでは解決できないもめごとにまきこまれることがあります。そうしたもめごとの訴えを、両方のいいぶんを聞いて法律によって解決するのが、民事裁判です。むりな仕事を命じられつづけて病気になった、工事の音がうるさくてねむれない、お金を返してくれないなどの訴えをあつかいます。

　また、たとえば、ものをぬすんだとして警察に逮捕された人が、ほんとうにぬすんだのかどうかを証拠によって十分に証明できるか、また、もしもぬすんだとしたらどのくらいの刑にするかをきめるのが、刑事裁判です。警察に逮捕されてすぐに罰せられることはなく、すべての人には、裁判所で公正な裁判をうける権利があります。

　犯罪をおかしたことを証拠で証明することができなければ、有罪にはなりません。“無実の罪”（やっていないのに罪をきせられること）をふせぐためです。

　ここでは、刑事裁判のようすや、逮捕されてから判決が出るまでを見ていきましょう。

107

裁判に登場する人びと（刑事裁判のばあい）

警察が逮捕したあと、裁判にかけることがきまると、刑事裁判がおこなわれます。裁判にはどんな人たちが登場するのでしょうか。法廷（裁判がおこなわれている部屋）のようすを見てみましょう。

裁判官（国家公務員）
・裁判の進行役で、最後に刑罰の判断をくだす。ふつうは3人
・日本の裁判官は1890（明治23）年から、「何色にも染まらない」という意味をこめて黒の法服を着る

※裁判員裁判では、6人の裁判員がくわわる（裁判員の席は、裁判官の両側に用意される）

検察官（国家公務員）
・逮捕された人を裁判にかけるかどうかをきめる
・裁判では、被告人がほんとうに罪をおかしたかどうかを証拠によって証明する責任をもつ

弁護人
・被告人の立場から意見をいう
・無罪を主張するばあい、証拠が「まちがっている」「十分でない」ことを証明する
・罪をみとめているばあい、罰が軽くなるよう意見をいう

裁判官（右陪席）　裁判長　裁判官（左陪席）

検察官

裁判所書記官　　速記官＊

弁護人

証人

証人
・裁判で自分の知っていることを話すようもとめられた人

絵をかく人
裁判では、写真をとるのは禁止

＊最近では録音を聞いて文字に直す記録方法が多くなっている

被告人
・罪をおかしたとして裁判にかけられている人
・捜査の段階では、被疑者とよばれる
※どちらも犯人とはきまっていない

どの裁判も傍聴することができる

※裁判によって、裁判官の数、席の位置などが変わる

証拠を検証する場

裁判は、検察から出された証拠が被告人の罪を十分に証明できるかどうかを検証して、裁判官が有罪かどうかを判断するための場です。

警察 逮捕 拘留 捜査 とり調べ

検察 裁判にかけるかどうかきめる

弁護人
・弁護人は被疑者の味方
・逮捕されたら、弁護人を選ぶ権利がある
・警察に拘留されているあいだ、ほかの人の立ち会いのないところで被疑者と話ができる

接見

起訴

不起訴（釈放）

裁判

冒頭手続き

人定質問

氏名、年齢、職業、住居、本籍は？

起訴状の朗読

被告人がなんの罪（殺人罪、詐欺罪、危険運転致死罪など）に問われているか、読まれる

黙秘権の告知

被告人には黙秘権があります。答えたくない質問の答えをこばむことができるし、はじめからおわりまで黙っていることもできます

罪状認否（被告人、弁護人）

公訴事実（犯罪事実）について、まちがいないかどうか、確認します

証拠調べ

接見

証拠調べ手続き

① 有罪を証明する証拠や証人の申し出をする
② 無罪を証明する証拠や証人の申し出をする
③ 証人・被告人・被害者への質問

被告人は、被害者のお金をだましとりました。証拠によって証明します

論告・求刑、弁論、最終陳述

① あたえる刑罰を主張
② 無実、または刑を軽くしてくださいと主張
③ 被告人の考え

被告人に懲役3年を求刑します

被告人の無実を主張します

判決

有罪

無罪（釈放）

執行猶予（釈放）

※たとえば「執行猶予3年」は、有罪だが3年のあいだになにもなければ（ほかの罪をおかさなければ）、刑務所に入らなくていい

いまの裁判のもとができるまで

なにをもとに裁くのかは、時代によって変わりました。証拠によって罪を判断するようになったのは、いまの憲法（日本国憲法）ができてからのことです。

盟神探湯　原始時代（弥生時代）の裁判

「うそはついていません」といわせたあと、熱湯の入った釜の中に手を入れさせる。やけどをしないのは正しいもの、やけどをすると罪人とされた。

はじめての法律　飛鳥時代

聖徳太子によってつくられたとされる17条の憲法（604年）には「訴える権利はまずしいものにもある」「公正な裁判をするように」と書かれていた。

大宝律令　701年

律というのは刑のこと。刑罰を、笞（ムチでたたく）、杖（棒でたたく）、徒（ろうやに入れてはたらかせる）、流（はなれた島などに送る）、死（死刑）の5段階にきめた。

裁判員制度　現在

民主主義の国の多くには、陪審制、参審制など市民が裁判に参加するしくみがある。
2009（平成21）年、日本でも市民が裁判に参加する裁判員制度がはじまった。裁判員は、選挙権のある人のなかからクジで選ばれ、裁判員6人と裁判官3人の話しあいで、有罪か無罪か、刑罰はどのくらいかをきめる。

町奉行の設置　江戸時代

江戸や大坂（大阪）などの大都市には、裁判所と警察と役所をかねた町奉行があった。いまの警察や刑事裁判のように犯罪をあつかうのは吟味物筋。公事出入筋は、村どうしの境界のあらそい、農業用水をめぐるあらそいなど、いまの民事裁判のようなものをあつかった。

いまの裁判制度のもと　戦後

1946（昭和21）年、日本国憲法公布。いまの裁判制度のもとができた。特徴は、
①証拠主義（自白ではなく、証拠によって犯罪を証明しなければならない）
②黙秘権の保障（被告人は自分に不利なことは話さなくていい）
③3審制の採用（当事者が希望するばあい、合計3回までの審理をうけることができる）
など。

明治時代

1889（明治22）年に大日本帝国憲法公布。裁判所ができた。当時は、天皇の名において裁判がおこなわれた。

しくみ 24 救急車

救急車は、24時間体制でいつでも出動できるように待機しています。

　救急車は、重いけがや病気の人を乗せて、応急処置をしながら、なるべくはやく病院に運ぶための車です。救急車には、ふつう、隊長、隊員、運転員の3人で構成される救急隊が乗ります。最近では、そのうちひとりが救急救命士のことが多く、使われているのはほとんどが高度な救命措置のための設備をもった「高規格救急車」とよばれるものです。

　救急車は消防署にあって、通報をうけると救急隊員が乗りこみます。けが人が閉じこめられている、現場までの道がこんでいるなど、必要に応じて消防車が救急車と同時に出動することもあります。

　緊急ではない通報がふえていて、ほんとうに必要なときに救急車が使えないとこまるので、相談サービスにきりかえるかどうか聞くばあいもあります。

　いつでも出動できるよう準備している救急車、その内部を見てみましょう。

いのちを救うための道具がギッシリ！

救急車には、患者のいのちを救うためのたくさんの機械や道具がつまれています。
救急隊員や救急救命士は、さだめられた処置をしながら病院に向かいます。

119番通報をうける

1チーム3人で出動

救急隊到着

患者や家族などの話を聞きとり、血圧、体温などをはかって、症状にあった病院を選んで、連絡をとってから動きはじめる

救急救命士は、病院に到着するまえに、医師の指示をうけて、呼吸がとまっている人に器具を使って処置する、薬を使うなどの、きめられた医療をすることができる

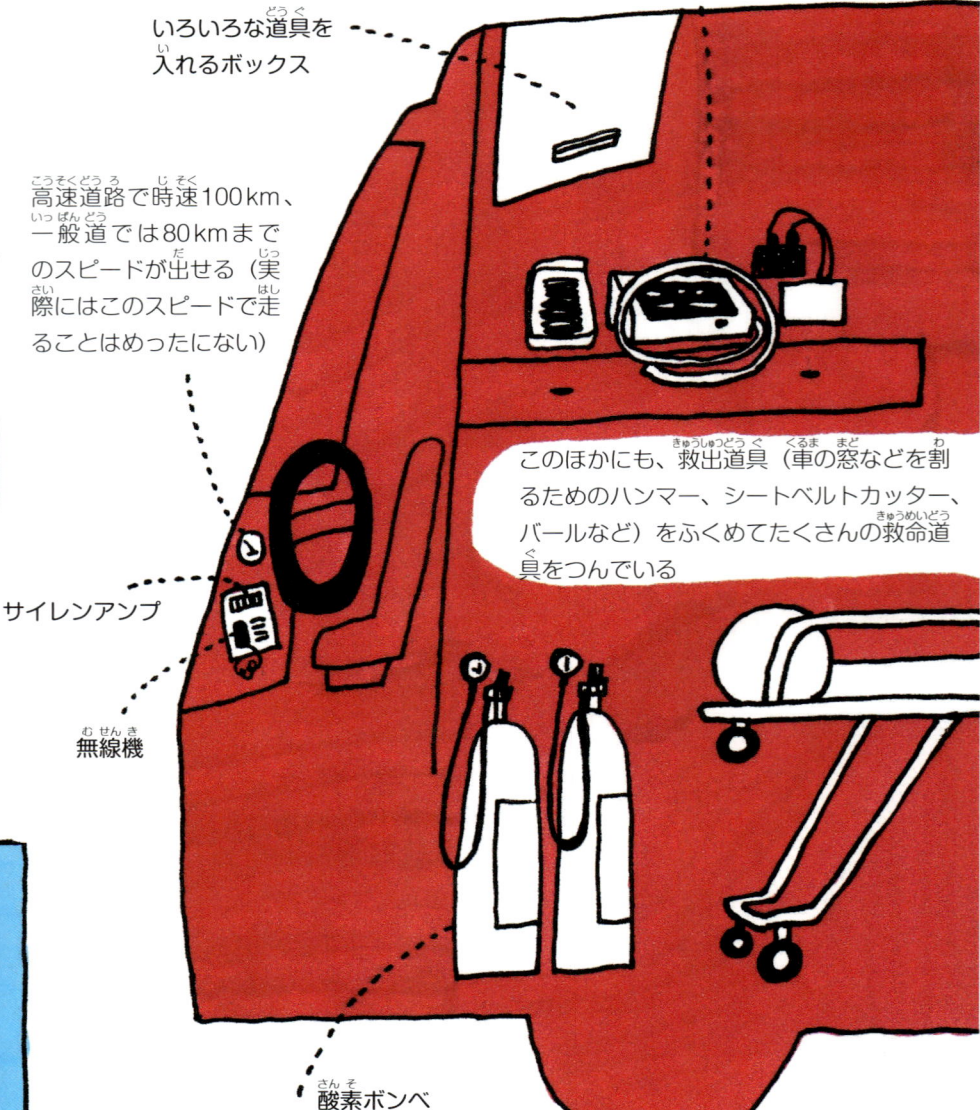

携帯用人工呼吸器

いろいろな道具を入れるボックス

高速道路で時速100km、一般道では80kmまでのスピードが出せる（実際にはこのスピードで走ることはめったにない）

このほかにも、救出道具（車の窓などを割るためのハンマー、シートベルトカッター、バールなど）をふくめてたくさんの救命道具をつんでいる

サイレンアンプ

無線機

酸素ボンベ

※日本では、救急車の色は白ときめられている

病院に到着

医師に、けがの程度や病状などを伝える

使った道具などを消毒
もどる途中でもすぐ次に出動できるように準備しながら、消防署に向かう

患者監視装置
血圧、心拍数・心電図などを調べる

除細動器
心臓にショックをあたえて、心臓のリズムをもとにもどす。半自動式と自動式がある

これが救急隊員だ

ヘルメット

感染をふせぐ服

手袋

ショック・パンツ
ズボンに空気を入れてふくらませて、おすことで、血液が心臓や脳などに多く流れるようにする

バックボード（全身を固定する器具）

ストレッチャー
（患者を運ぶ）

救急バッグ
中には、人工呼吸器具、ガーゼ、三角巾などが入っている

消防署にもどる

※しくみ11「110番・119番」（51ページ）も読んでみよう

救急車はタダ？世界の救急車

日本では、救急車はほとんどが公営で、使用料はかかりません。しかし、海外には、救急車が有料の国、民間の会社が運営する国もあります。同じ国でも、州や都市によってしくみがちがっているというケースもあります。また、人びとが加入している保険から救急車のお金を支払うことになっている国もあります。

日本のように、だれもが無料で使えて、しかもよんでからわずか5〜10分で現場にくる国はあまりありません。

必要のない人が救急車をよぶと必要なときにすばやく出動できなくなるので、日本の救急車も有料にしたほうがいいという人もいます。

国・地域名　都市名	公営の料金
イタリア	無料 トスカーナ地方では、救急隊員の多くをボランティアがしめている
メキシコ	無料 救急車がたりないため、長時間待たなくてはならない
フランス	有料（距離にしたがって料金があがる） 軽い病気やけがのときには医師との電話相談でおわり救急車はこない。救急車がくるときには医師も乗ってくる
オーストリア　ウィーン	無料 ただし国民健康保険に入っていないと有料
中国　北京	有料（距離にしたがって料金があがる）
台湾　台北	無料（軽い病気やけがのときは有料）
アメリカ合衆国　ロサンゼルス	有料（距離にしたがって料金があがる） 保険がきく。パラメディックといわれる隊員は救急医療処置ができる
シンガポール	無料 電話で話をして救急でないとされると救急車はこない。運ばれたあとで救急でないことがわかったら料金を払わなくてはいけない
マレーシア	無料
カナダ	有料 よんだだけでも料金がかかる。運んでもらうと、それにくわえて料金がかかる
タイ　バンコク	無料 渋滞のために救急車の移動に時間がかかる
オーストラリア	有料 州によって料金がちがう。タスマニア州、クイーンズランド州では無料
ドイツ	有料 保険がきくが、軽い病気やけがのときには全額を払わないといけない
イギリス	無料 軽い病気やけがのときには病院に運ばれないことも多い

しくみ 25 税金

わたしたちのくらしに必要な道路や学校などの多くは、税金でつくられます。

　道路や学校などの設備、ごみを処理するしくみなどは、わたしたちのくらしに欠かせません。わたしたちが安全にゆたかにくらすためのこうした設備やしくみは、国や都道府県や市（区）町村がつくって管理しています。そして必要なお金は、そこにくらす人が出しあっています。それが税金です。

　税金にはいろいろな種類がありますが、みなさんにいちばんみぢかなのは消費税ですね。消費税は買ったものの値段の10％ときまっています。ただし、酒類と外食をのぞく飲食料品と、一部の新聞は8％と税率が軽くしてあります（2024年5月現在）。ノートを買ったり、電車の運賃を払ったりするときは、消費税もいっしょに払っています。

　消費税のしくみ、ほかの税金の種類や使い道について、見ていきましょう。

消費税のしくみ

消費税は、最後に買って、商品を使ったり食べたりする人が払います。

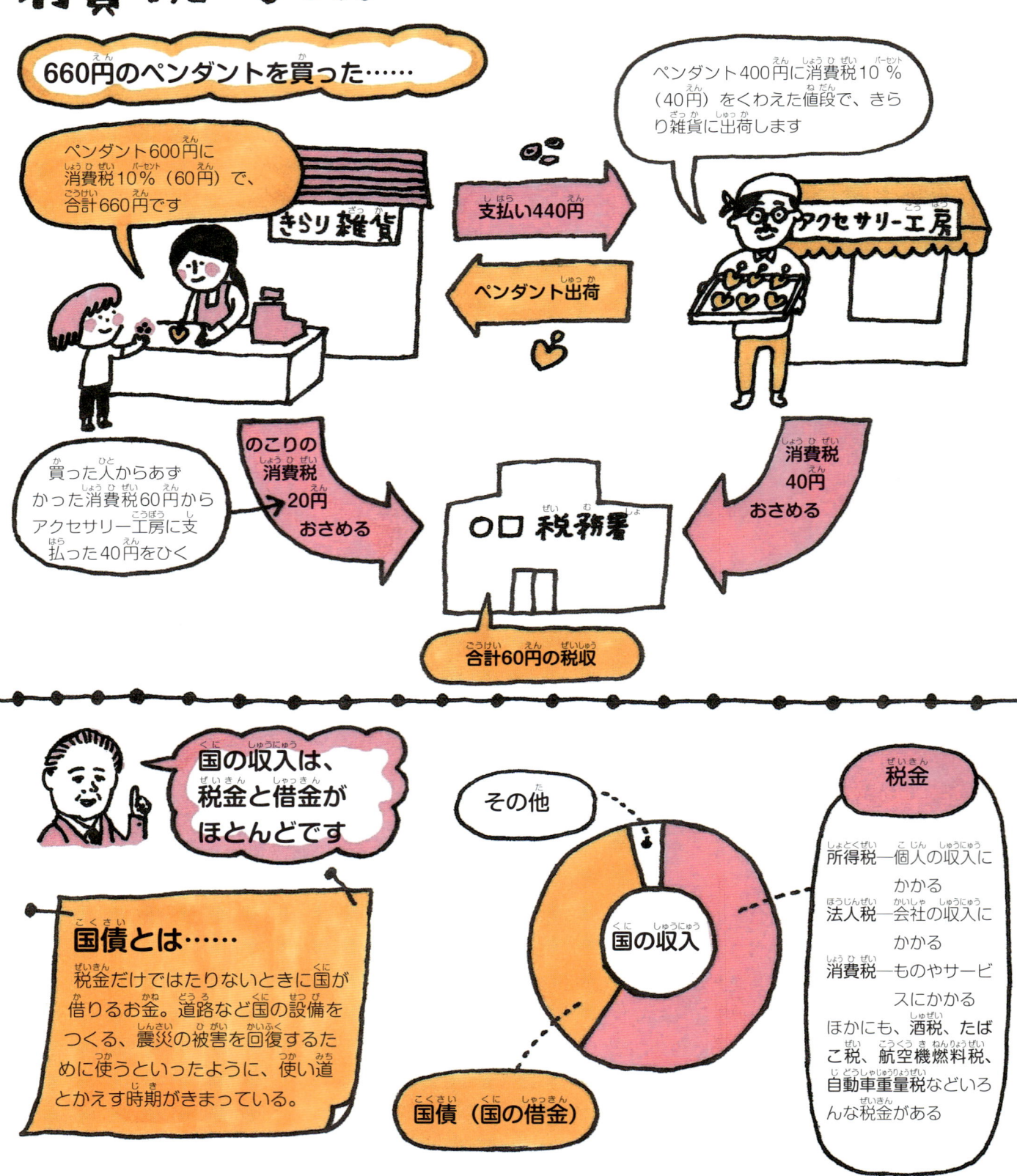

660円のペンダントを買った……

ペンダント600円に消費税10％（60円）で、合計660円です

支払い440円

ペンダント出荷

ペンダント400円に消費税10％（40円）をくわえた値段で、きらり雑貨に出荷します

きらり雑貨

アクセサリー工房

買った人からあずかった消費税60円からアクセサリー工房に支払った40円をひく

のこりの消費税20円おさめる

消費税40円おさめる

○□税務署

合計60円の税収

国の収入は、税金と借金がほとんどです

国債とは……

税金だけではたりないときに国が借りるお金。道路など国の設備をつくる、震災の被害を回復するために使うといったように、使い道とかえす時期がきまっている。

その他

国の収入

国債（国の借金）

税金

所得税—個人の収入にかかる

法人税—会社の収入にかかる

消費税—ものやサービスにかかる

ほかにも、酒税、たばこ税、航空機燃料税、自動車重量税などいろんな税金がある

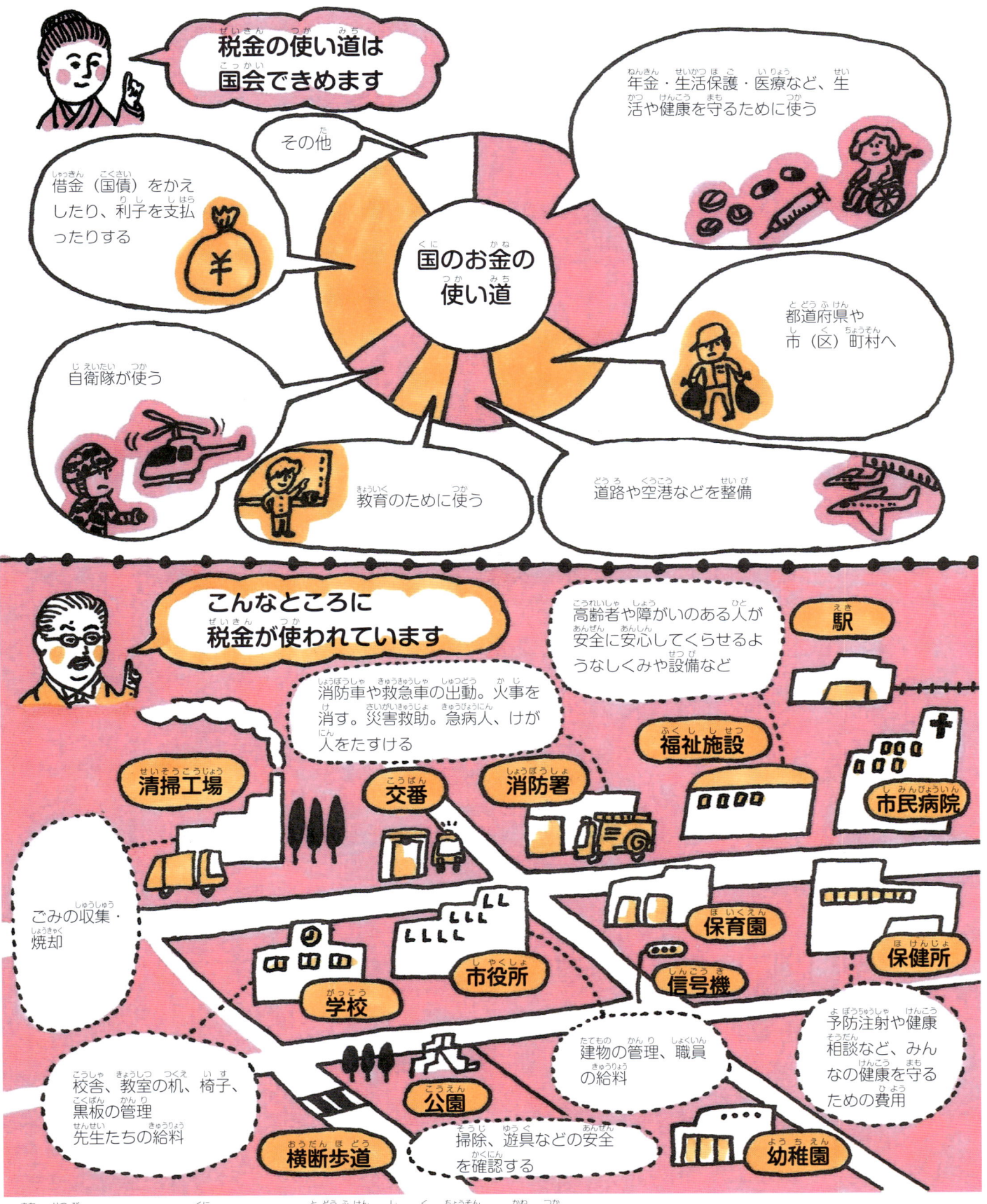

税金の使い道は国会できめます

国のお金の使い道

その他

年金・生活保護・医療など、生活や健康を守るために使う

借金（国債）をかえしたり、利子を支払ったりする

都道府県や市（区）町村へ

自衛隊が使う

教育のために使う

道路や空港などを整備

こんなところに税金が使われています

高齢者や障がいのある人が安全に安心してくらせるようなしくみや設備など

駅

消防車や救急車の出動。火事を消す。災害救助。急病人、けが人をたすける

福祉施設

清掃工場

交番

消防署

市民病院

ごみの収集・焼却

市役所

保育園

保健所

信号機

学校

予防注射や健康相談など、みんなの健康を守るための費用

校舎、教室の机、椅子、黒板の管理　先生たちの給料

建物の管理、職員の給料

公園

横断歩道

掃除、遊具などの安全を確認する

幼稚園

※町の設備やしくみには、国だけではなく都道府県や市（区）町村のお金も使われている

※しくみ4「ごみはどこへいく？」（23ページ）も読んでみよう

消費税は国によっていろいろ

給料などの収入には所得税がかかりますが、多くの国ではたくさんかせぐほど税金を多く払うしくみになっています（累進課税）。消費税は、買うものやサービスにかかるので、人によって変えることはできません。お金のある人もない人も、買ったものに同じ割合でかかります。

消費税のような税金は、ほかの国にもあります。基本である標準税率は、国によってことなります。多くの国では、国民のくらしをゆたかにするために、必要なものの税率はひくくする軽減税率をとりいれています。

累進課税の例

| 年収2000万円 | 年収400万円 | 年収190万円 |
| 税金40% | 税金20% | 税金5% |

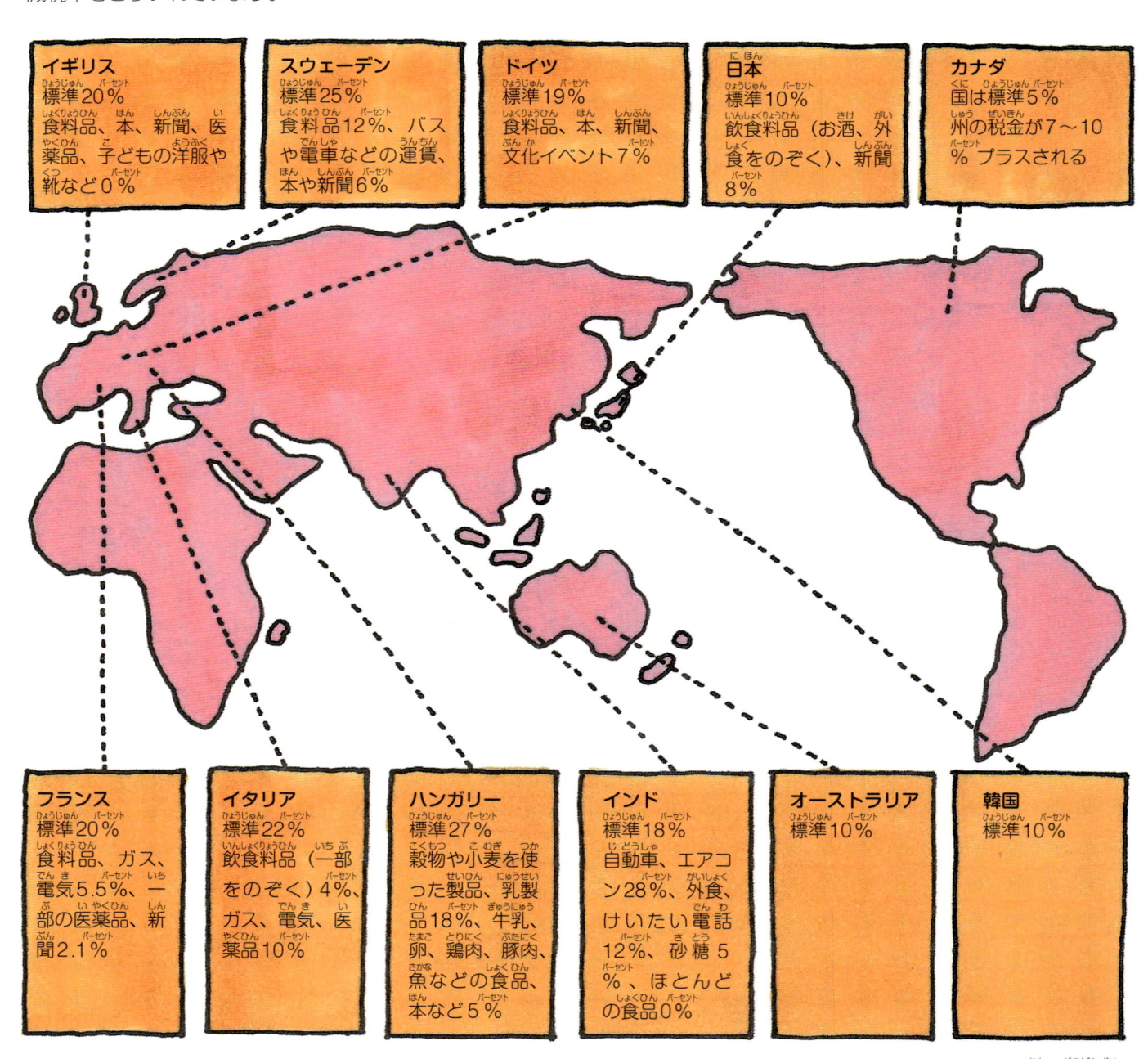

イギリス
標準20%
食料品、本、新聞、医薬品、子どもの洋服や靴など0%

スウェーデン
標準25%
食料品12%、バスや電車などの運賃、本や新聞6%

ドイツ
標準19%
食料品、本、新聞、文化イベント7%

日本
標準10%
飲食料品（お酒、外食をのぞく）、新聞8%

カナダ
国は標準5%
州の税金が7〜10% プラスされる

フランス
標準20%
食料品、ガス、電気5.5%、一部の医薬品、新聞2.1%

イタリア
標準22%
飲食料品（一部をのぞく）4%、ガス、電気、医薬品10%

ハンガリー
標準27%
穀物や小麦を使った製品、乳製品18%、牛乳、卵、鶏肉、豚肉、魚などの食品、本など5%

インド
標準18%
自動車、エアコン28%、外食、けいたい電話12%、砂糖5%、ほとんどの食品0%

オーストラリア
標準10%

韓国
標準10%

※2024年5月現在

しくみ 26 100円ショップ

いつもいく100円ショップ。ちょっとちがう目で、商品を見てみましょう。

あれ 便利だ。たのに なくなっちゃった。もうっくらないんだって

これ ほしかった— 100円なんだあ

これ 珠屋さんで 1つ160円で 売ってたのに 10個100円?

made in china って書いてあるのが 多いね

「製造 中国 包装 日本」 っていうのも あるね

雑貨、オモチャ、工具、整理用品、文房具、ウェット・ティッシュなどの衛生用品や化粧品、おかし……100円ショップではたくさんのものを売っています。最初は、会社が倉庫の品物をなくすために売ったり、つぶれた会社の商品などを安く売ったりしていました。いまは、100円ショップの会社が工場から直接買ったり、自分で開発し注文してつくるものがほとんどです。

100円ショップは、1990年代から2000年にたくさんできて、よく知られるようになりました。1991年に1号店を開店したＡ社は、その後20年で2500店舗もある大きい会社になりました。いまでは海外の25の国と地域にも多くの店を出しています。

人気商品がいちはやくならんでいたり、こんなにおしゃれな商品があるのかと驚かされたりもします。どうして、100円で売ることができるのでしょう。

近くの100円ショップを見たよ

100円ショップにならぶたくさんの商品。どこでつくられたのか、ひっくりかえして調べてみました。

世界の「100円ショップ」

世界のあちこちに100円ショップのような店ができた。アメリカでは99セントや1ドル、ドイツでは1ユーロ、タイでは20バーツなど、各国の買いやすい値段にそろえてある。

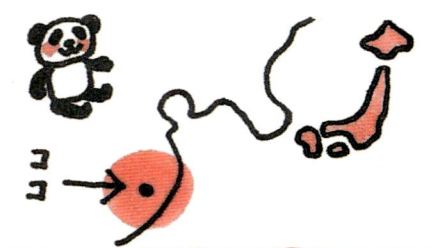

100円ショップのふるさと

中国に、こうよばれる町がある。中国やほかの国でつくられたたくさんの雑貨がならぶ巨大マーケット。日本だけでなく、世界200か国以上の商人がここから商品を買っていく。

安さのヒミツは？

㊙ すごくたくさんつくる

ものをつくるときには、デザインを考えたり、
それをつくるための機械を買ったり、型をつ
くったりと、最初にたくさんのお金がかかる。
このお金は、つくる個数が多くても少なくて
も変わらないので、たくさんつくるとそれだ
け、1個あたりにかかるお金が安くなる。

最初にかかるお金　100万円

10個つくったら、
1個あたり10万円

1万個つくったら、
1個あたり100円になる

㊙ 工場と直接取引する

工場に直接注文する。あいだにほかの会社
が入らないので手数料がかからないぶん安
くなり、また、直接倉庫に運ぶので運送費
も少なくてすむ。

100円ショップの会社

工場

倉庫

100円ショップ

100円ショップ

100円ショップ

㊙ 海外の工場でつくる

はたらく人に払うお金が、日本より少なくてす
む国でつくる。中国でつくることがいちばん多
く、東南アジアの国ぐにがそれにつづく。
日本から近いので、船で運ぶ輸送費もあまりか
からない。

100円ショップは楽しいな

だけど……

いつも新商品が楽しみ

安くておしゃれなんだよね

手づくり品の材料を買います

便利なアイデア商品がいいね

つくっている工場で

● つくっている人が、とても安いお金ではたらかされて、苦しんでいるかもしれない

● もしかしたら、「いらないもの」「すてるもの」にたくさんのお金を使っているのかもしれない

 安いから買っちゃおう

 あれ、こわれちゃったすてよう

100円ショップは、値段が最初にきまってる

だから、商品ごとのもうけはバラバラだ。
・20円で仕入れて、100円で売る→80円のもうけ
・90円で仕入れて、100円で売る→10円のもうけ

なかにすこしくらいもうけが少ない商品があっても、もうけの多い商品がたくさん売れれば、全体で見るともうかることになる。
もしかしたら、20円で仕入れた商品が、ほかの店では80円で売られている……かもしれない。

安い？ 高い？

※日本全体のものの値段があがったことで、いまでは100円よりも高い商品も売られている

戸籍

戸籍は、国民全員の「名簿」で、「この人は○○という日本人だ」という証明書にもなります。

　戸籍は、日本の国民ならかならず登録している名簿のようなもので、同じ名字の親と子どもを、ひとつのまとまりとして管理しています。

　赤ちゃんが生まれると、出生証明書をもって役所に届出をします。すると、親の戸籍に、その子の名前、生年月日、親との続き柄が書きこまれます。続き柄というのは、長男、長女、二男、二女などといった親との関係のことです。

　戸籍謄本は、そうやって登録された帳簿のコピーです。日本国籍をもつ、どこのだれなのかを証明してくれる書類で、パスポートをつくるときなどに必要となります。

　18歳になると、親の戸籍からわかれてひとりの新しい戸籍をつくることもできます。結婚すると、親の戸籍から出て、夫婦の新しい戸籍がつくられます。その流れや歴史を見てみましょう。

生まれてから死ぬまでを管理する帳簿

戸籍は、夫婦にくわえて名字が同じ子どもをひとつのまとまりと考えた帳簿で、「本籍」として申し出をした市（区）町村の役所に登録してあります。そこには、それぞれの氏名、生年月日、妻や夫がいるかどうか、父母との続き柄などが書かれています。

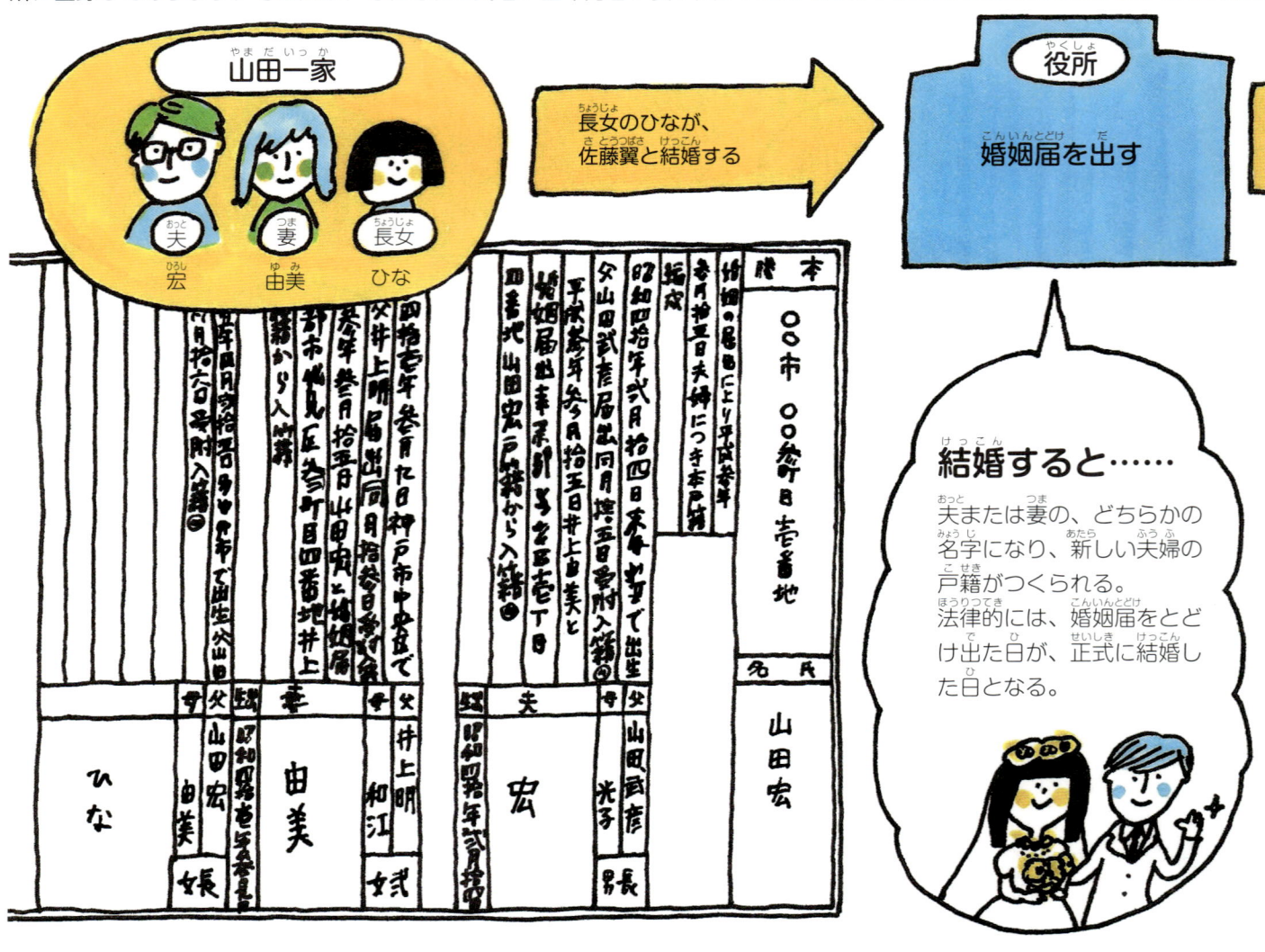

山田一家

夫 宏（ひろし）　妻 由美（ゆみ）　長女 ひな

長女のひなが、佐藤翼と結婚する

役所

婚姻届を出す

結婚すると……

夫または妻の、どちらかの名字になり、新しい夫婦の戸籍がつくられる。
法律的には、婚姻届をとどけ出た日が、正式に結婚した日となる。

戸籍にかんすることは、24時間受け付けている

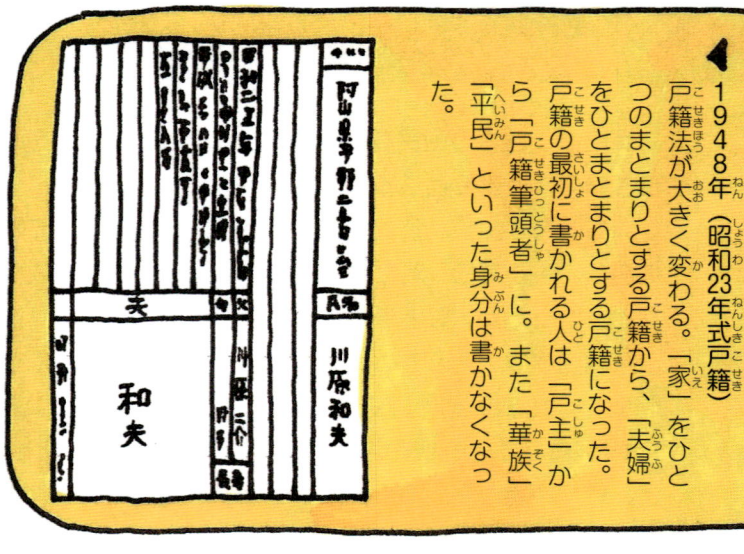

1948年（昭和23年式戸籍）

戸籍法が大きく変わる。「家」をひとつのまとまりとする戸籍から、「夫婦」をひとまとまりとする戸籍になった。戸籍の最初に書かれる人は「戸籍筆頭者」に。また「華族」から「平民」といった身分は書かなくなった。

山田一家
夫　山田　宏
妻　　　　由美
　　　　　ひな

結婚して名前がはずされる

新しい戸籍
夫　佐藤　翼
妻　　　　ひな

夫　翼　　妻　ひな

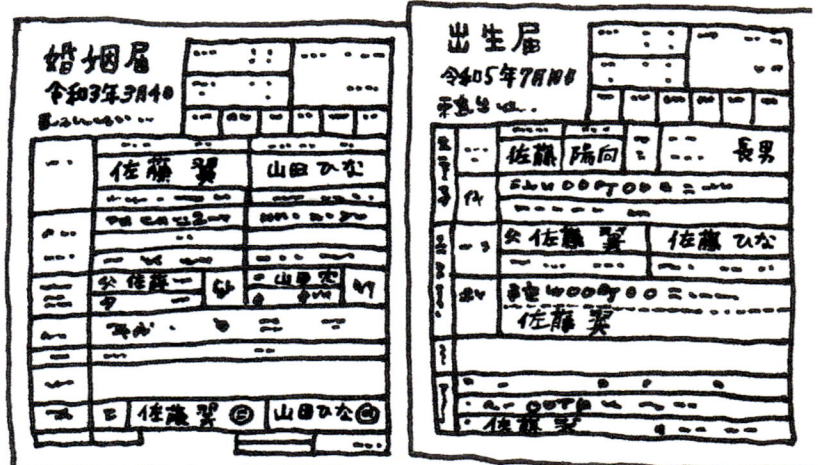

長男陽向が
生まれる

役所
出生届を出す

佐藤一家
夫　佐藤　翼
妻　　　　ひな
長男　　　陽向

子どもが生まれると……

生まれた場所か、住んでいる場所の役所に、生まれてから14日以内に、父または母がとどけを出す。
子どもは、夫婦の戸籍にのせる。
親が結婚していないばあいは、母の戸籍にのせる。

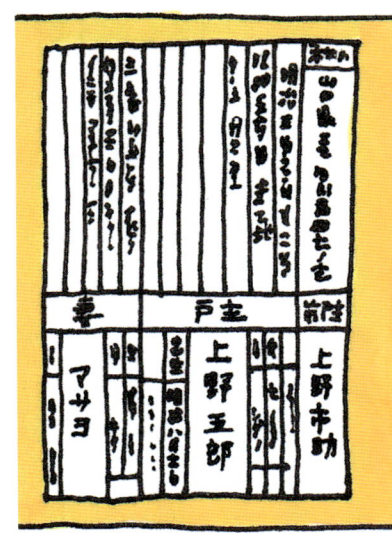

▲
「家」をひとつのまとまりとする戸籍のしくみがはじまる。

1898年（明治31年式戸籍）

▲
日本ではじめての本格的な戸籍ができた。この年の干支が壬申だったので、壬申戸籍とよばれている。ただし、当時の差別的な身分も書かれているので、現在では公開されていない（存在していないという説もある）。

1872年（明治5年式戸籍）

125

戸籍は日本特有のしくみ

日本の戸籍制度は、家族単位で国民を登録するもので、出生や婚姻といった家族関係のうつりかわりを証明しています。現在、戸籍制度がある国は日本だけ。外国では、べつの登録方法がとられています。

「ことがら」ごとの登録

個人の情報を、出生や結婚、死亡といった「ことがら」ごとに登録している国がある。情報はそれぞればらばらに管理されるので、個人の結婚や離婚といった生活の変化を一覧できない（プライバシーがもれにくい）しくみになっている。

アメリカでは

アメリカでは、国民のひとりひとりに9桁の「社会保障番号」が発行されている。これは、年金や税金などを国が管理するためのもの。運転免許をとったり、銀行口座をつくるときに必要で、身分証明書となる。

フランスでは

フランスでは、個人の「出生証明書」が基本となり、これに婚姻や死亡の情報がつけくわえられる、個人登録制度になっている。
これとはべつに、親と子どもの名前や生年月日を記した「家族手帳」という身分証明書もあって、申し出れば発行してもらえる。

戸籍にたいする考えはいろいろ

戸籍には、「ひとりの人間が生まれてから死ぬまでをたどることができる、いいしくみだ」という考えと、「古い日本の家制度をもとにした、差別のもとになる制度だ」という考えの両方があります。戸籍に長男、長女と書くのも、家制度のなごりだという人もいます。
いまの日本では、夫婦は同じ「氏（姓）」を称すると法律できまっていますが、夫婦がべつべつの名字をもつこと（別姓）をみとめてほしいという声も高まってきています。

しくみ 28 災害救助

災害にそなえて、消防、警察、自衛隊などが被災地をたすけるためのしくみがつくられています。

　災害には、火災や工場などの爆発、鉄道や飛行機の事故など人の行動が原因のものと、台風、竜巻き、土砂崩れ、地震、津波などの自然災害があります。災害が起きてすぐ動くためには、ふだんからよく話しあい、訓練や準備をすることがたいせつです。

　各都道府県や市（区）町村では、職員が避難所をつくったり水や食料をくばるしくみがつくられています。また、いつもは活動範囲が所属する都道府県内にかぎられている警察や消防も、大きな災害のときには「緊急消防援助隊」や「警察災害派遣隊」などを編成して、都道府県をこえて救助にあたります。自衛隊、海上保安庁なども合同で活動することがあります。医療関係では、災害が起きてから約48時間以内から救急医療をおこなえる災害派遣医療チーム（DMAT）が、2005年につくられました。

　大きな災害が起きたときには、どんな救助がおこなわれるのでしょうか。

127

災害救助

災害が起こると全国から人が集まり、被災した市町村をたすけるために活動します。けがをしたりいきうめになったりした人のいのちは最初の72時間の救助活動できまります。それ以降も、生きのびた人のいのちと生活を守り、新しい生活を自分の力でできるようにするための救助活動がつづきます。どのような活動があるのかを見ていきましょう。

捜索・救助

消防
- ・まっさきにかけつけるのは地元の消防
- ・消火だけでなく、捜索・人命救助もおこなう
- ・大きな災害には、全国の消防隊員がかけつける
- ・消防防災ヘリコプターで空からも救助する
- ・ハイパーレスキュー隊は、大災害に対応できるよう、特別な訓練をしている

警察
- ・捜索・人命救助をおこなう
- ・高速道路や町の道路がとおれるかどうか情報を集める
- ・緊急の車がとおる道をさがして、交通整理などをする
- ・避難所や留守になった家のパトロールをする

自衛隊
- ・都道府県知事が必要ときめて出動を求める
- ・捜索・人命救助をおこなう
- ・きけんなものをとりのぞいて、安全にする
- ・道路にある障害物をとりのぞいて車がとおれるようにする
- ・被災者のために物資・水を運ぶ、炊き出しをする、ふろを用意するなど、さまざまな生活の手助けをする

土木・建築施設

TEC-FORCE（緊急災害対策派遣隊）
- ・こわれた道路や港などを調査する
- ・被害がひろがるのをふせぎ、できるだけはやく使えるようにする
- ・水害にあった場所から水をくみだす作業もする

医療

DMAT（災害派遣医療チーム）
・専門的な訓練をうけている医療チーム
・医師、看護師、事務職員でひとつのチームをつくる
・災害の急性期（48時間以内）から医療にあたれる

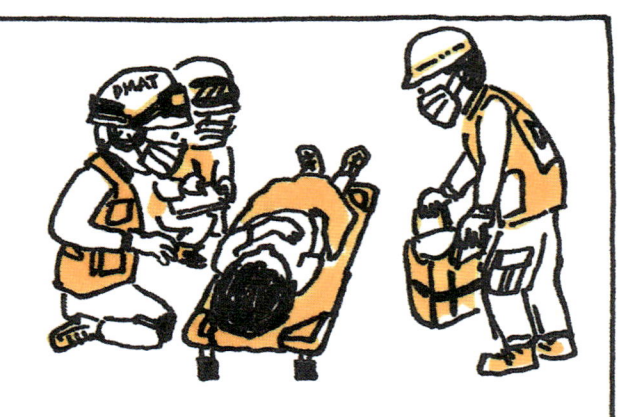

日本赤十字社
・苦しんでいる人を救う世界的組織
・必要なばあいはただちに救護班を送る
・DMATといっしょに活動することもある
・心のケアや避難所での診療など、長い期間現地での活動をする

DPAT（災害派遣精神医療チーム）
・精神科医、看護師、事務職員でひとつのチームをつくる
・現地の精神医療がきちんとおこなえるよう支援する
・災害によるストレスなど、災害にあった人の心のケアをする

DHEAT（災害時健康危機管理支援チーム）
・ふだん保健所がおこなっている仕事を被災地でおこなうために
　訓練をうけたチーム
・公衆衛生医師、保健師、事務職員ほかからなる
・避難生活の健康を守り、死者を出さないようにする

福祉

DWAT（災害派遣福祉チーム）
・介護福祉士、社会福祉士、保育士ほか、福祉にかかわ
　るさまざまな専門家からなるチーム
・高齢者、障がい者、子どもなどケアが必要な人を手助
　けする

ごみ処理

D.Waste-Net（災害廃棄物処理支援ネットワーク）
・災害で出たごみをきちんと処理する手助けのために
　できた専門団体のあつまり
・がれきや解体した家のあとかたづけのほか、避難所
　のごみやし尿のかたづけを支援する

ハザードマップ

ハザードマップというのは、災害の発生しそうな場所、被害がひろがる範囲、避難所の場所などがかいてある地図のことです。自然災害は予測できないことも多いですが、万が一というときには、これが避難の参考になります。

ハザードマップは、1970年代から、活火山をもつ国ぐにのなかでつくられはじめました。火山はくりかえし噴火することが多く、噴火のしかたや、もたらす被害にも共通点があります。これまでの数千年間の噴火のようすと、24時間体制の監視、観測などから、噴火の場所、規模の大きさなどを推測して、地図がつくられています。

最近では、洪水・内水（大雨で排水路や下水道の水があふれること）、高潮（海水面があがること）、津波、土砂崩れ、火山の噴火、地震と、幅ひろい自然災害にたいしてハザードマップがつくられるようになりました。

130

しくみ 29 道

自然にできた道、人がつくった道。せまい道、ひろい道……いろんな道があります。

ほんとね、歩きやすかったり、デコボコしてたり　クネクネ曲がっていたり

いろんな道があるね

　学校にいく道、駅にいく道、友だちの家にいく道……いろんな道があります。もしも道がなかったら、友だちの家にいくときに、よその家の庭をとおり、お店屋さんの中をとおり……と、こまったことが起こるでしょう。

　人がくりかえし同じ場所をとおっていると、野原の草が折れて、なんとなく道のようなものができてきます。それが道のはじまりです。人びとがバラバラにくらしている時代には、道はできません。集落ができて、ものを交換するためなどで人が行き来するようになると、みんなが歩くところが「道」になりました。むかし、国を治める人たちは、軍隊を送るため、各地に命令を伝えるため、情報やものを交換するために大きな道路をつくりました。いま、わたしたちが使っている道路の多くは、このように人が計画してつくったものです。道路は、人の歴史でもあるのです。

道のはじまり

最初は動物がとおり、人がたくさん歩いて、自然に道ができました。やがて人びとは、なにかの目的のために道をつくるようになります。

自然にできる道

けもの道

動物が同じところを歩くと、そこに道ができる。

遠くても平らな道

荷物を運ぶのに馬や荷車を使うようになると、遠くても平らで馬や車輪がとおりやすい、坂の少ない道を選ぶようになる。

人がつくった道

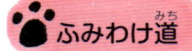

ふみわけ道

人が集まってくらすようになると、集落どうしで食べものや布などを交換するようになり、村と村を結ぶ道ができた。

世界でいちばん古い道

現在発見されているうちで世界最古の道路を整備したあとが、イングランド（イギリス）にある。Sweet Trackの土手道がそれで、紀元前3800年ごろのもの。

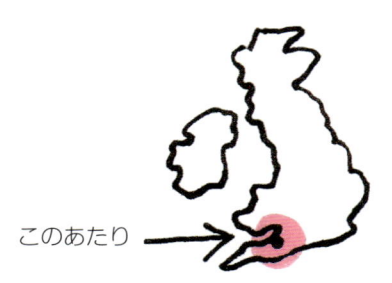

このあたり →

ローマ街道は高速道路　いまから2300年まえ

どこの地域でも、古代国家は、国の力を中央に集めるために、政治の中心から地方につづく、ひろくてまっすぐな道をつくった。なかでも大規模だったのがローマ街道で、地中海をとりかこむようにつくられた道は、細い道路を入れるとすべての長さが15万kmにもおよんだ。

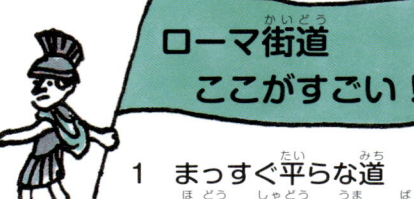

ローマ街道 ここがすごい！

1　まっすぐ平らな道
2　歩道と車道（馬や馬車がとおる）がわかれている。軍隊がはやく走れる
3　水はけがいい！

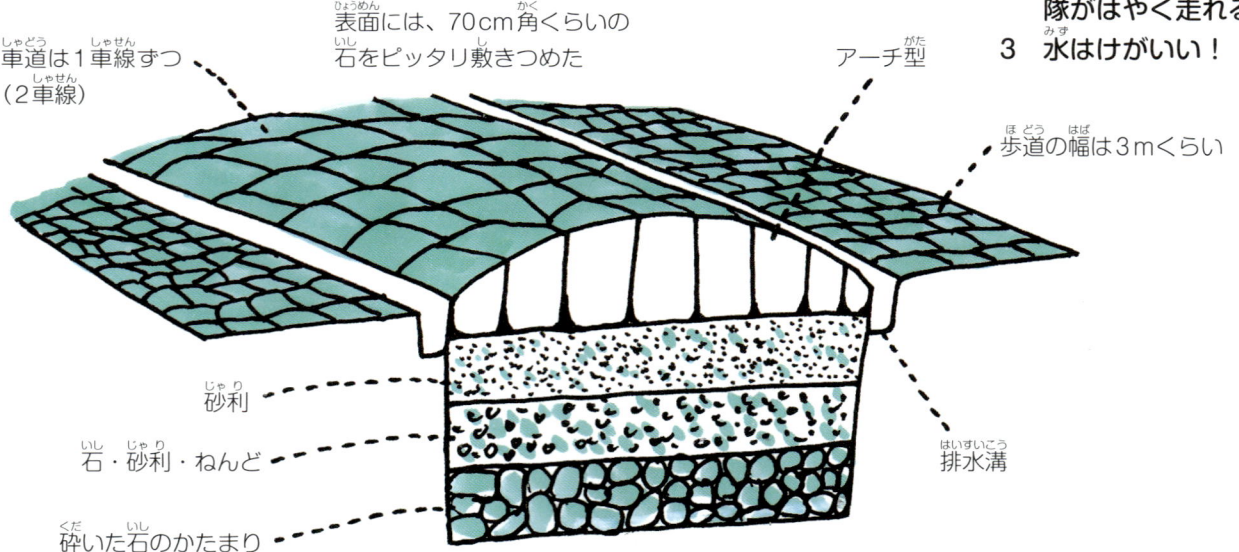

車道は1車線ずつ（2車線）

表面には、70cm角くらいの石をピッタリ敷きつめた

アーチ型

歩道の幅は3mくらい

砂利

石・砂利・ねんど

砕いた石のかたまり

排水溝

大がかりな舗装のはじまり

ピラミッドに使う石を石切場から運ぶための道をととのえた。

紀元前2600年ごろ：古代エジプト

古いものとしては、約4600年まえ（紀元前2600年）ころのギザのピラミッドの道が見つかっている。平均2500kgもの重さの石灰岩のブロックを、230万個以上運んだといわれている。

クレタ島の舗装の道

石膏やセメント、火山灰土をまぜたモルタルを使って、表面に板や砕いた石（玄武岩）を敷いてならべた。端には水が流れるよう排水溝がつくってあった。

排水溝

紀元前1600年ごろ：古代ギリシャ

アスファルトの道

バビロンの王の道で、これら古代の道路はおもに軍事道路として利用されていた。

紀元前600年ごろ：メソポタミア

アスファルトは、いまでも使われている

道路をたくさんつくったわけは……

⚙ 地方への命令が伝えられる

⚙ 軍隊がとおれる

80kmごとに、人や馬がとまれる「駅」をおいた

大西洋

地中海

ローマ

黒海

アレクサンドリア

アフリカ大陸

エジプト

すべての道は、ローマにつながる

ローマ街道

ヨーロッパとアフリカ北部にはりめぐらされた道で、375本の幹線道路を合わせた長さは8万km（地球約2周ぶん）。支線を入れると15万kmにもおよんだ

日本の道

道路は、軍隊がとおりやすいように、国が治めやすいようにつくられ、発展していきます。それは、ローマも日本も同じでした。

木の道

縄文時代

湿地や沼地を歩くために、枕木のように敷いた木の上に、長い木をわたしてつくった。人びとは、細い木の上を歩いた。

> ここをとおると、家が近いからね……

はじめてのまっすぐな道

飛鳥時代のはじめ

平行した3本の道と、それとまっすぐに交わる道路がつくられた。幅は23m以上、40mのところもあった。

> 道は、生活のためだけでなく、国を治めるためにつくられた。朝廷の力をしめすためや、税をおさめるためだ

信仰のための道

平安時代

信仰や修行のために、多くの人が道をとおった。「熊野古道」は、熊野本宮大社、熊野速玉大社、熊野那智大社へおまいりする道で、世界遺産になっている。

全国にはりめぐらされた道　七道駅路

飛鳥・奈良・平安時代

治めやすいように、国を5つにわけた。全国にはりめぐらされた道の長さは、合わせておよそ6300km。道幅は、奈良時代には12m、平安時代には6m。道の両脇には側溝（雨水を流すための溝）もついていた。

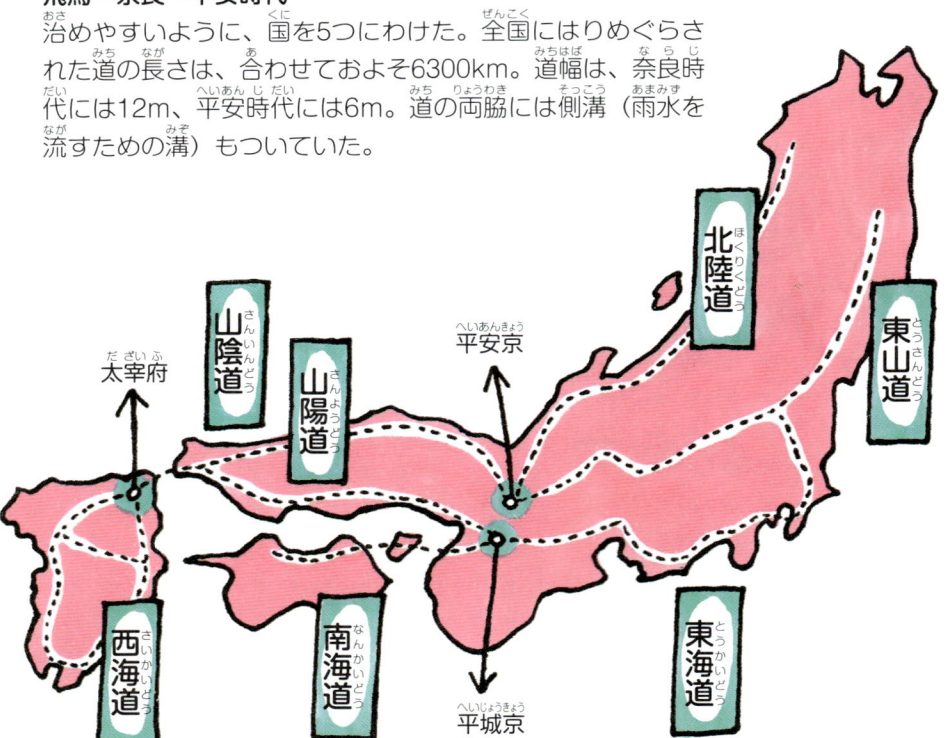

- 太宰府
- 山陰道
- 山陽道
- 平安京
- 北陸道
- 東山道
- 東海道
- 西海道
- 南海道
- 平城京

駅家

16kmごとに駅家があって、人や馬が休めるようになっていた（全国には約400の駅家があった）。

道幅がひろいわけ

7～8世紀の軍隊は、騎兵・歩兵1000人を1軍団として、ときには数十万人になることもあった。多くの人がとおれるよう、道幅をひろくした。

しくみ 30 銀行

銀行の仕事は、お金をあずかることだけではありません。

お年玉、貯金しましょう

おばさんと おじさんと おばあちゃんから もらった お年玉、あわせると 1万円

ドキドキ はじめての 通帳…

　花子さんは、お母さんといっしょに、お年玉をもって銀行にいきました。預金したいと、窓口で書類とお金を出すと、小さなノートのようなものをくれました。預金通帳です。通帳には、おあずかり金額のところに「10,000」と数字が書いてありました。これで、花子さんは銀行に口座をもったことになります。

　花子さんは、お母さんが、銀行やコンビニで機械からお金をひき出しているのを見たことがあります。そのお金はどこからくるのか、ふしぎでした。お母さんに聞いたら、はたらいている会社から、お母さんの銀行口座にお給料がふりこまれるのだそうです。

　こうして、お金をあずかって、口座にいくらあるのか管理するのが、ひとつめの銀行の仕事です。銀行にお金をあずけると、1年間にすこしだけお金がふえます。これが利息です。

銀行の仕事

あずかったお金はどのように使われているのでしょうか。
あずかったお金をふやすのが、銀行のふたつめの仕事です。

¥ お金の貸しだし ¥

金庫においたままでは、預金した人に払う利息のぶんだけお金はへりつづけるので、人や会社など借りたいところに貸しだす

会社や個人があずけたお金

○×銀行

工場

車

家

研究

お金がたりない

お金、貸しますよ〜
ただし、貸しているあいだの「貸しだし料」として、利子を払ってくださいね

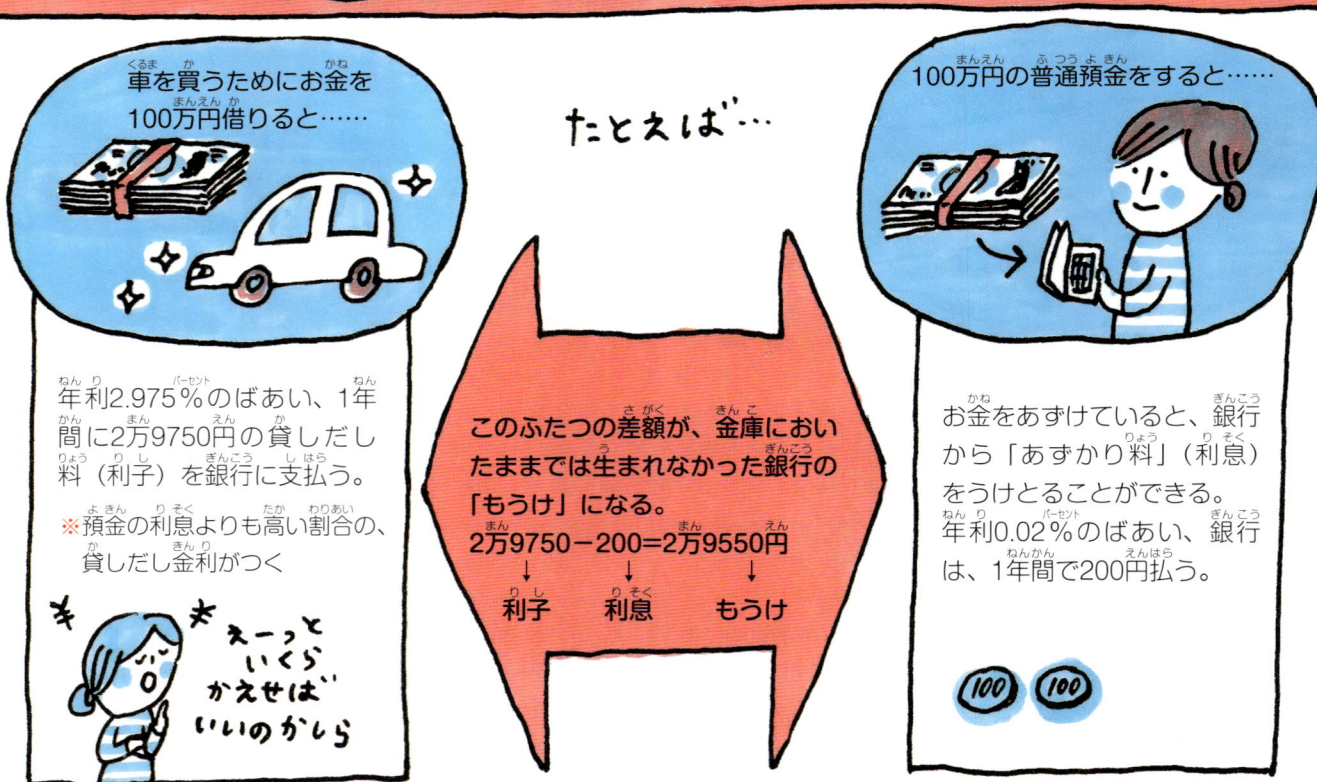

車を買うためにお金を100万円借りると……

たとえば…

100万円の普通預金をすると……

年利2.975％のばあい、1年間に2万9750円の貸しだし料（利子）を銀行に支払う。

※預金の利息よりも高い割合の、貸しだし金利がつく

えーっといくらかえせばいいのかしら

このふたつの差額が、金庫においたままでは生まれなかった銀行の「もうけ」になる。
2万9750－200＝2万9550円

利子　利息　もうけ

お金をあずけていると、銀行から「あずかり料」（利息）をうけとることができる。
年利0.02％のばあい、銀行は、1年間で200円払う。

100　100

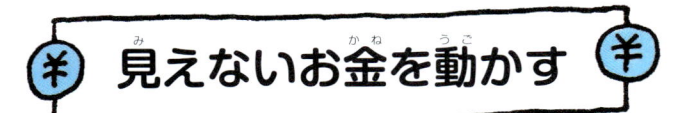

見えないお金を動かす

銀行の3つめの仕事です。実際のお金を動かさずに、口座の数字のやりとりだけでお金が動いたものとみなして、支払いが完了します。

今月の水道料金の通知がきたわ

上下水道の使用分の請求

水道局

うちは、銀行口座からの引き落としよ
銀行に預金があるからね

預金

預金振替　　料金振替依頼

○×銀行

金融機関

年月日	お支払金額	お預かり額	相手
15·05·01		220000	○○カイシャ
15·05·10	3785		スイドウ
15·05·13	20000		カード
15·05·13	105		手数料
15·05·20		105	リソク
15·05·21	5000		ローン

※振替の手数料が、銀行の「もうけ」になる

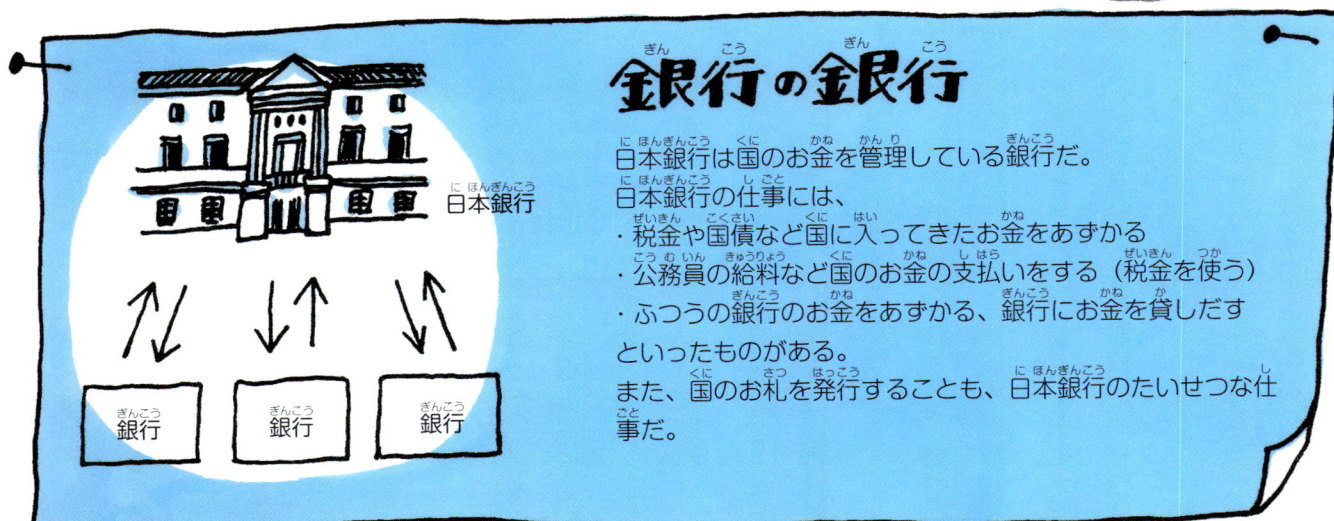

銀行の銀行

日本銀行

日本銀行は国のお金を管理している銀行だ。
日本銀行の仕事には、
・税金や国債など国に入ってきたお金をあずかる
・公務員の給料など国のお金の支払いをする（税金を使う）
・ふつうの銀行のお金をあずかる、銀行にお金を貸しだす

といったものがある。
また、国のお札を発行することも、日本銀行のたいせつな仕事だ。

銀行　　銀行　　銀行

お釜がなくても買いものができる?!

現金を使わずに買いものする方法はおもに4つあります。

クレジットカード　後払い

クレジットカードは、カード会社がたてかえて払ってくれたお金を、あとでかえすしくみ。そのときにお金がなくても買いものをすることができるので便利に思える。でも、品物をうけとったあと、自分の銀行の口座からカード会社にお金が支払われるまではお金を借りているのと同じなので、使いすぎないように注意することがたいせつ。

○×レストラン　レストランで食事

カードで支払います

カードを読みとらせ、暗証番号を入力する

口座から引き落とし

手数料　代金をたてかえ

カード会社

カードは、つくりたいと申し出た人に収入があるのか、口座があるのかなど調べてから発行されます

プリペイドカード　前払い

鉄道会社、コンビニ、スーパーなどが発行するプリペイドカードは、カードにまえもってお金を入れておく方式。残高がなくなると使えなくなるので、そのまえにチャージしておこう。

自動販売機でも使える

乗るたびに切符を買わなくてもいいので便利

デビットカード　即時払い

店の機械でカードを読みとり、自分の銀行口座からお金をその場で引き落とす。

コード決済

支払いアプリをインストールすれば、スマートフォンで支払いができる。アプリで店のQRコードを読みとるか、アプリにででくるQRコードかバーコードを店で読みとるか、スマートフォンでタッチする方法がある。

しくみ 31 健康保険

健康保険は、「みんなでたすけあう」しくみです。

　お医者さんで診察をうけると、検査や治療などにお金がかかりますが、健康保険制度のおかげで、支払いは、かかったお金の一部（小学生*から69歳までは30％）だけですみます。

　のこりはだれが払うのでしょうか？　それは、それぞれの人が加入している健康保険機関です。そのお金は、もともとは、自分たちが支払っている保険料と国や会社からの補助金です。

　日本では、「国民皆保険」といって、すべての国民が健康保険に入ることになっています。その保険料で全国民の医療費をまかなうのです。自分の医療費を払うだけでなく、「おたがいにたすけあいましょう」という考えかたがもとになっています。だれもがお金のことをあまり気にしないでお医者さんにかかることができる、たいせつなしくみです。

*住んでいる場所によっては、子どもの30％ぶんを市（区）町村が払うことも多い

健康保険のお金のしくみ

ここでは、健康保険を使って治療をうけるときのお金の流れを見ていきます。会社ではたらいている人の子ども、花子さんがインフルエンザにかかって病院にいったときのようすを見てみましょう。花子さんは、子どもの医療費をぜんぶ出してくれる市に住んでいます。

最初に保険に入っていることが確認できるもの*と市の医療証を出し、診察してもらう

*マイナ保険証、資格確認書など

無料です

医療機関

実際に診察・検査・治療にかかったお金は、6710円

治療

支払いはなし

実際にかかったお金の70％（4697円）を保険料から、30％（2013円）を公費から払う

レセプト
治療や診察の内容を1か月ごとに書類で提出

健康保険では、診察、処置、手術ごとに料金がこまかくきまっていて、点数（1点10円）で計算する。

たとえば、上のばあいは……

初診料 ……291点
インフルエンザ検査・判断料 ……320点
処方せん料 ……60点
合計 671点

診療料金は6710円
保険料と公費から支払われるので、花子さんの支払いはなし

審査支払機関

みんなから集めた保険料　公費

※この健康保険のほかにも、会社につとめていない人（商店など自営業の人）のための国民健康保険、75歳以上の人のための後期高齢者医療制度など、保険制度にはいくつかの種類がある

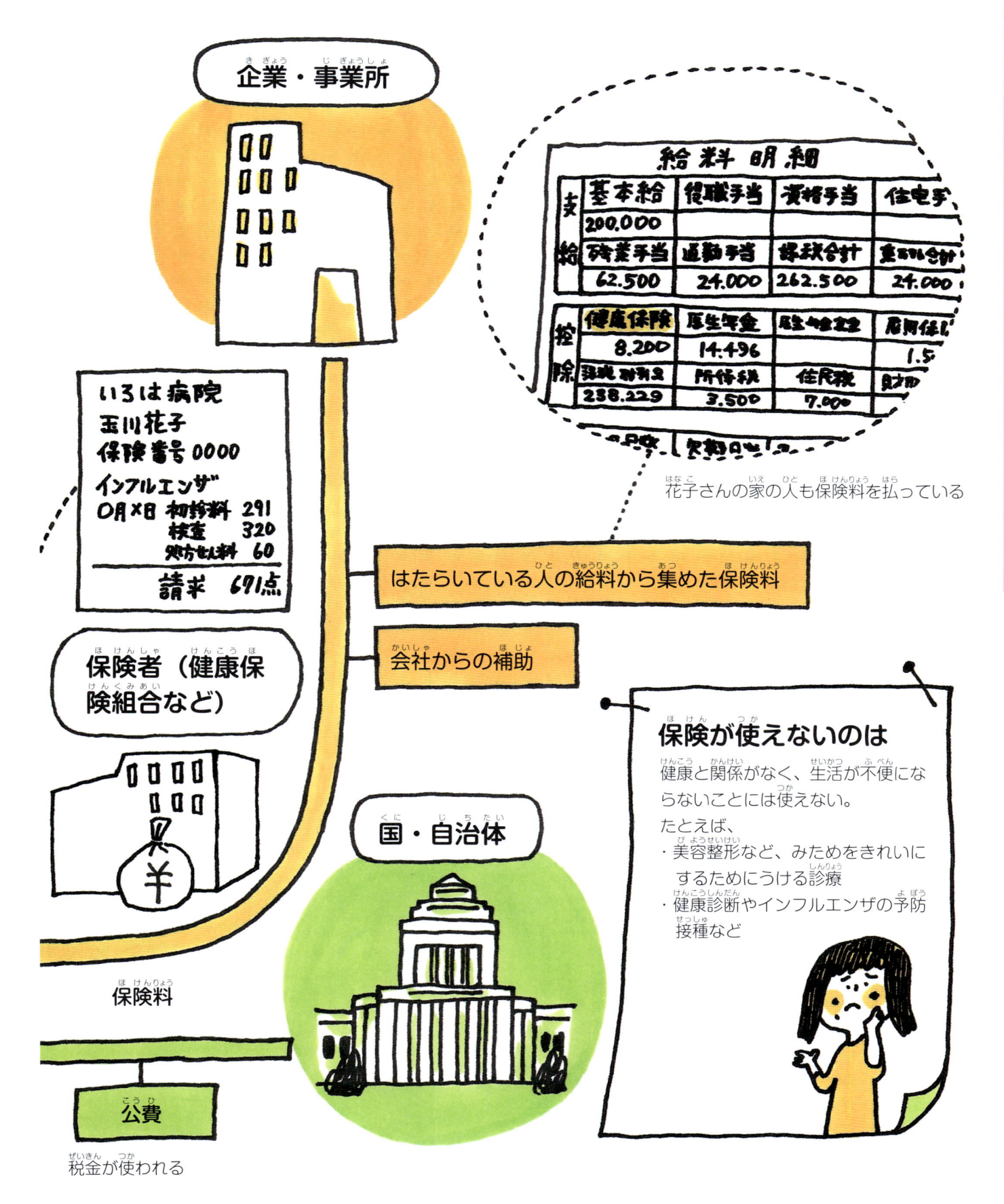

企業・事業所

給料明細

支給	基本給	役職手当	資格手当	住宅手当
	200.000			
	残業手当	通勤手当	課税合計	差引支給額
	62.500	24.000	262.500	24.000

控除	健康保険	厚生年金	雇用保険	介護保険
	8.200	14.496		1.5
	課税対象2	所得税	住民税	財形
	238.229	3.500	7.000	

花子さんの家の人も保険料を払っている

いろは病院
玉川花子
保険番号 0000

インフルエンザ
0月×日 初診料 291
　　　 検査 320
　　　 処方せん料 60

請求 671点

はたらいている人の給料から集めた保険料

会社からの補助

保険者（健康保険組合など）

¥

保険料

国・自治体

公費

税金が使われる

保険が使えないのは

健康と関係がなく、生活が不便にならないことには使えない。

たとえば、
・美容整形など、みためをきれいにするためにうける診療
・健康診断やインフルエンザの予防接種など

141

各国の医療保険制度

日本は、社会でひろく医療費を負担する健康保険制度が成功している国のひとつです。
世界では、お医者さんにかかる費用や薬代などを払うと生活が苦しくなってしまう人が1年間に1億人にものぼります。
世界の医療保険制度について、おもな国を見ていきましょう。

ドイツには、日本と同じように医療保険制度があります。加入者が支払う保険料がもとになって、医療費が支払われています。ただし、日本とはちがって無料です。

アメリカには、公的なものとして高齢者や収入の少ない人にたいする医療保障はありますが、日本のような健康保険制度はありません。自分で民間の保険会社の保険に入って、保険料を支払います。医療費がかかったときには、保険会社が払います。

イギリスには無料の公立の病院があり、その医療費は税金で支払っています。国民が払う税金は日本より高くなっています。民間の病院にいくと高額な医療費がかかります。

	とくちょう	おもな財源（もとになるお金）	治療をうけた人が払うお金	医療機関が選べるかどうか	
				かかりつけ医	専門医
日本	・国民皆保険 ・公立と私立の医療施設がある	加入者の保険料や事業者の補助金や税金	小学生より下 75歳～ 10% / 70～74歳 20% / ～69歳 30% / 小学生 20%	「かかりつけ医」をもつかどうかは自由に選べる	自由に選べるが、大学病院など紹介状がないと予約がとれないばあいもある
ドイツ	・高所得者以外全員加入 ・公立と私立の医療施設がある	加入者や事業者の保険料	保険加入者は無料 初診料、医薬品、入院費は自分で払う	自由に選べるが、ほとんどの人に「かかりつけ医」がいる	「かかりつけ医」の紹介状がないと費用がます
アメリカ	民間の保険のみ	保険会社	契約による	自分が契約している保険がきく病院を「かかりつけ医」にする	「かかりつけ医」の紹介状が必要
フランス	・強制加入 ・公立と私立の医療施設がある	加入者や事業者の保険料	診察の内容でちがう 診察料 入院代 20% / 30%	「かかりつけ医」をきめないといけない	「かかりつけ医」の紹介状がないと費用がます
イギリス	・医療施設は公立が中心 ・私立もある	おもに税金	無料	登録している「かかりつけ医」のみ	「かかりつけ医」の紹介が必要。専門医など待つ期間が長いことがある

*1 多くの市（区）町村が、子どもの医療費の一部または全額を公費として払っている
*2 70歳以上でも所得が多い人は30%

※ 2017年現在

しくみ 32 薬

病気にかからないように、かかってもすぐに治るように、薬はそれをめざして発展してきました。

（吹き出し）しょほうせん。お医者さんが病気や体にあった薬と量を書いてくれたの。

（吹き出し）この紙はなあに？

（吹き出し）それを出して薬をうけとるんだよ

お医者さんは、病気やけがを治す専門家です。そして、薬局には薬の専門家、薬剤師さんがいます。薬は、人の病気を治す一方で、逆に害になることもあります。アレルギー反応が出たり、ふたつの薬ののみあわせがきけんなこともあるのです。薬剤師さんは、そうしたことに気をつけて薬をチェックして、正しい薬ののみかたなどを教えてくれます。

病気にかからない、病気が治る、健康で長生きをする……。それは、むかしもいまも変わらない、人びとのねがいです。薬は、そのねがいをかなえるためにつくられ、発展してきました。薬の歴史を見てみましょう。

薬のもとは自然のなかから

薬は、もともとは動植物や鉱物など自然のものからつくられました。いまの薬もその成分などを研究してつくられています。

シャーマンはお医者さん

古代、メソポタミアやエジプトをはじめ世界の多くの地域で、病気にかかるのは人の体に入った悪魔のしわざだと思われていた。悪魔を追い出すために、祈祷師、呪術師、シャーマンが、呪文を唱え、儀式をしながら、薬をのませて悪魔を追い払った。薬は、悪魔を追い払うためのものだったのだ。

おまじないでは治らない

紀元前400年ごろ、古代ギリシャの医者ヒポクラテスは、薬は人の自然に治る力を高めるためのものだとして、はじめておまじないと薬をはっきりわけた。

病気は、悪魔のせいではない！

日本では…・

1万数千年まえの縄文人たちの住居のあとからも、薬が発見されている

古事記

「いなばの白ウサギ」という話のなかで、大国主命は皮をはがれたウサギにガマの穂の花粉をぬった。

※ガマの穂は痛みを鎮める薬

聖徳太子

6世紀に中国や朝鮮半島から薬草が伝わった。聖徳太子は「薬物は民を養う要物なり、厚くこれを蓄える」といって、薬草園をつくって薬草をたいせつに育てた。

行事や人形にのこる風習

日本でも、むかしは病気は悪魔のしわざだと考えられていた。悪魔を追い払うために、神仏に祈ったり、行事をしたり、飾りものがつくられたりした。

手や目の病気が治るようねがう絵馬

疱瘡神（伝染病をもたらす神）は赤をきらうとされ、赤いオモチャがつくられた

七草粥

1年間病気にならないで元気でいられるようねがって1月7日に食べるおかゆ。七草には胃腸をととのえる薬のはたらきもある。もとは、中国から伝わったならわし。

せり　ごぎょう　なずな　はこべら　すずしろ　すずな　ほとけのざ

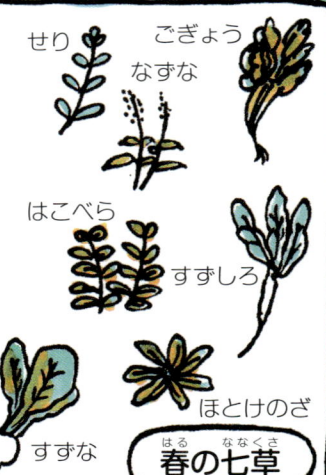

春の七草

薬は、自然のものから

人は、草の葉や根、動物や鉱物など自然にあるものを薬として利用してきた。自然のなかには、人の体にいい変化をもたらすもの、悪い変化をもたらすものがある。その変化をおぼえて、区別するようになったのだ。どんなものを食べると病気がよくなるのか、傷がよくなるのか、いろいろと試しながら発見したのが薬のはじまり。薬という漢字に草かんむりがついているのは、植物をもとにしたものが多いため。

動物　鹿茸（シカのつの）、蛤かい（ヤモリの干物）など

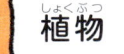

鉱物　紫石英など

植物　霊芝、冬虫夏草など

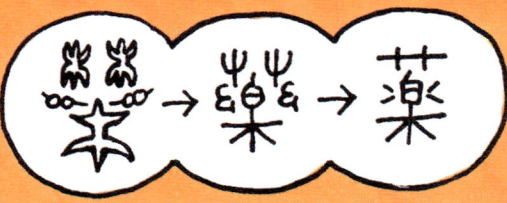

いちばん古い薬の記録

メソポタミア文明の遺跡（紀元前2200年ごろ）から、約500種の薬のつくりかたと使いかたが彫られたねんど板が見つかった。また、エジプトでは数百種の薬のつくりかたと使いかたが書かれたパピルス（紀元前1550年ごろのものと思われる）が見つかっている。

中国ではじめての薬の百科事典
神農本草経

中国でも、紀元前2700年ごろから薬草が使われていた。西暦100年に書かれたこの本では、365種の薬を上・中・下の3つに分類している。上は長い期間のんでも害がなく、体を健康にする薬。中は、きめられたあいだだけ使う薬。下は、みじかいあいだだけ使う、病気を弱める薬。

人工的に合成して薬をつくる

ヒポクラテスの時代、柳の木の皮がそのまま痛みどめに使われた。19世紀、ここから熱をさげるのにきく成分がとりだされ、薬として使われたが、胃腸を悪くするはたらきも強かった。このききめのある成分に化学的な作用をくわえて、副作用の少ない化合物をつくった。これが人工的に合成してつくったはじめての薬。

青カビからつくる薬——ペニシリン

1928年、はじめての抗生物質ペニシリンが発見された。熱をさげる、痛みをとるというものではなく、病気の原因の細菌を直接やっつける薬だ。

薬草の有効成分をとりだす

薬草などの自然のものから、ききめのある成分（有効成分）だけをとりだせるようになった。1805年ごろ、ドイツのゼルチュルナーは、ケシの実からモルヒネ（ガンの痛みどめなどに使われる）をとりだすことに成功した。

ジェネリックってなあに？

まえのページで見たように、薬は、植物や動物、微生物から見つけた天然物質を薬のタネとして、加工したり、成分をとりだしたり、組みあわせたりしてつくります。ひとつの物質が薬として実際に使えるようになるのは、何万種類のうちの1種類といわれ、開発には長い年数とたくさんのお金がかかります。

ある薬を最初につくった会社は、ほかの会社がまねしてつくらないよう、「特許」の届出をします。20年間は、ほかの会社が同じ薬をつくることができないしくみです。

この期間がおわって、ほかの会社が同じ有効成分でつくった薬を、ジェネリック医薬品といいます。開発する期間もかかるお金も少ないので、安く売ることができます。

※ 有効成分が同じでも、つくりかたや使われる添加剤がちがうので、まったく同じではないという人もいる。よく知ったうえで薬を選ぶことがたいせつ

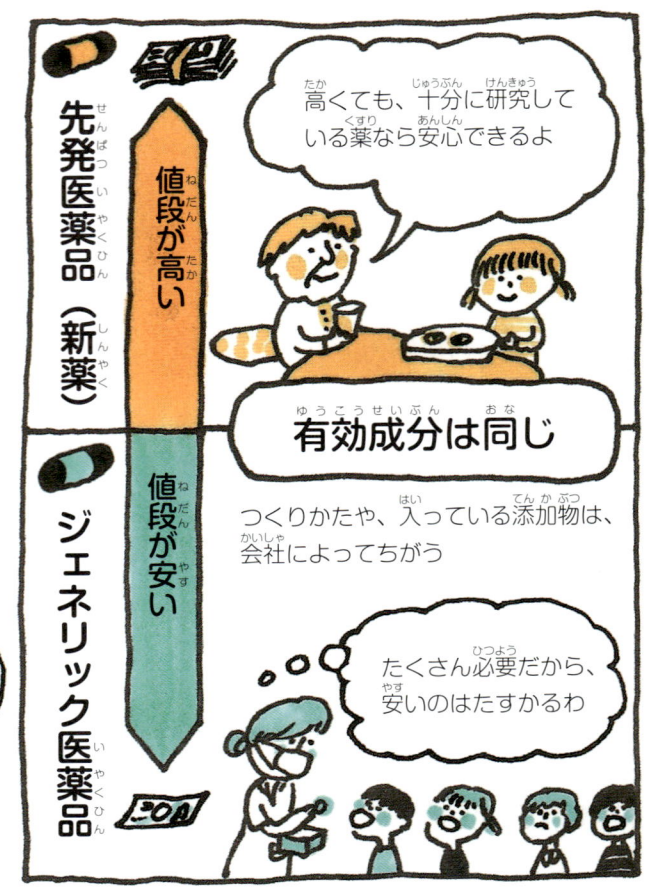

先発医薬品（新薬） 値段が高い

高くても、十分に研究している薬なら安心できるよ

有効成分は同じ

ジェネリック医薬品 値段が安い

つくりかたや、入っている添加物は、会社によってちがう

たくさん必要だから、安いのはたすかるわ

医薬品の開発から販売まで

先発医薬品（新薬）
- 国の許可をもらう※
- 研究・開発などに10〜15年
- 多額（数十億〜数百億円）の費用がかかる

研究の内容
・試験管での実験
・動物実験
・人への実際のききめ

特許設定登録

特許期間 申請から20年
ココだけ

特許期間終了

ジェネリック医薬品

この期間は、ほかの会社はこの薬をつくることができない

- 国の許可をもらう
- 研究・開発などに3年〜5年
- 少ない費用でできる

発売

＊薬をつくって売るためには、国の許可が必要

しくみ33 国会

国会は選挙で選ばれたわたしたちの代表（国会議員）が法律や政治のやりかたをきめるところです。

※国会の傍聴・見学
・両院とも、保護者といっしょなら小学生以上から本会議を傍聴できる
・両院とも、国会議事堂の見学ができる（ただし、参議院は、土・日・休日はできない）

　わたしたち国民の代表が国のだいじなことをきめるところが、国会です。国会の仕事は、国のお金の使いかたをきめる、外国との約束についてきめる、裁判官の裁判をする、憲法改正を議題として出す……などいろいろありますが、いちばんたいせつな仕事は、法律をつくることです（このため、国会のことを「立法府」ともいいます）。

　法律は、まず案をつくって、議題として国会に出します。ニュースで「法案」とよんでいるのは、まだ法律になっていない、案の段階のもののことです。法案を出せるのは、国会議員と内閣（行政機関）のふたつです。

　国会には、衆議院と参議院があります。同じ議題をちがう人たちが話しあって慎重にきめるためのしくみです。

法律ができるまで

法案（法律の案）には、国会議員が提案するものと内閣が提案するものがあります。ここでは、法案が提出されて、法律として成立するまでの流れを見てみましょう。

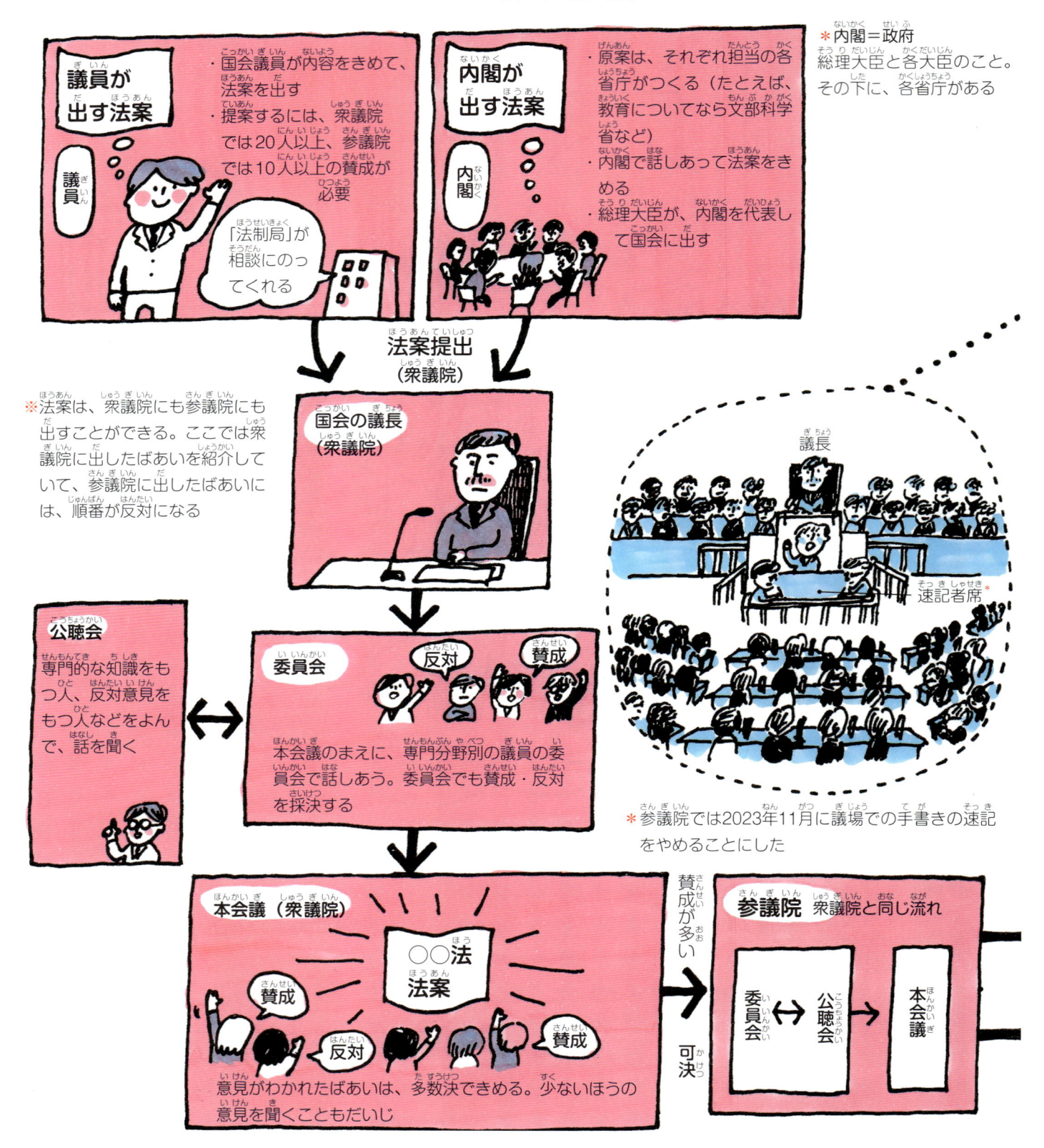

議員が出す法案

議員

・国会議員が内容をきめて、法案を出す
・提案するには、衆議院では20人以上、参議院では10人以上の賛成が必要

「法制局」が相談にのってくれる

内閣が出す法案

内閣

・原案は、それぞれ担当の各省庁がつくる（たとえば、教育についてなら文部科学省など）
・内閣で話しあって法案をきめる
・総理大臣が、内閣を代表して国会に出す

＊**内閣＝政府**
総理大臣と各大臣のこと。その下に、各省庁がある

法案提出（衆議院）

※法案は、衆議院にも参議院にも出すことができる。ここでは衆議院に出したばあいを紹介していて、参議院に出したばあいには、順番が反対になる

国会の議長（衆議院）

議長

速記者席＊

＊参議院では2023年11月に議場での手書きの速記をやめることにした

公聴会
専門的な知識をもつ人、反対意見をもつ人などをよんで、話を聞く

委員会 反対 賛成
本会議のまえに、専門分野別の議員の委員会で話しあう。委員会でも賛成・反対を採決する

本会議（衆議院）
○○法 法案
賛成 反対 賛成
意見がわかれたばあいは、多数決できめる。少ないほうの意見を聞くこともだいじ

賛成が多い → 可決

参議院 衆議院と同じ流れ
委員会 ⇔ 公聴会 → 本会議

国会議事堂

国会議事堂は、向かって右側が参議院、左側が衆議院。外も内も、左右がほぼ同じつくりになっています。

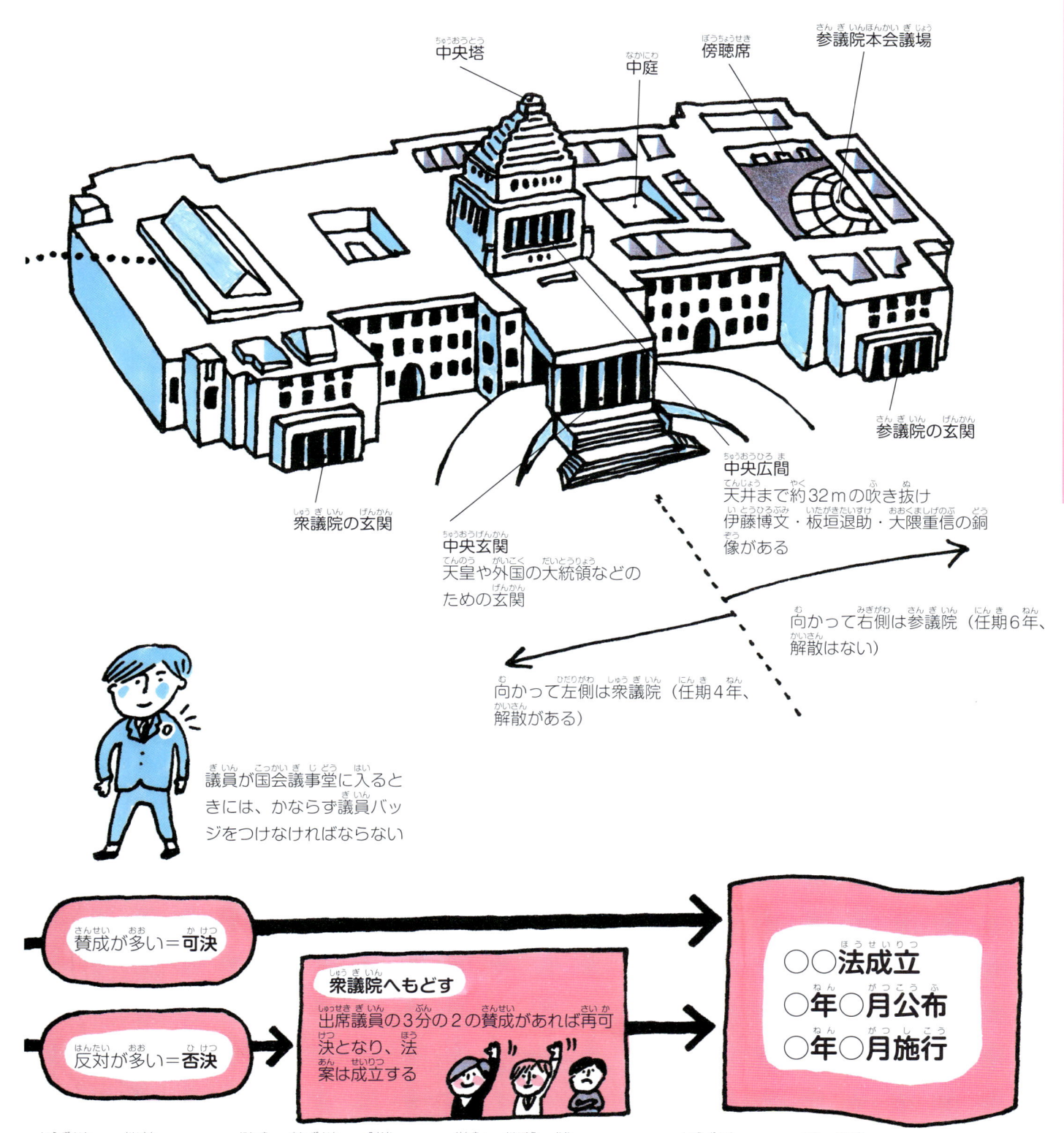

中央塔

中庭

傍聴席

参議院本会議場

参議院の玄関

中央広間
天井まで約32mの吹き抜け
伊藤博文・板垣退助・大隈重信の銅像がある

衆議院の玄関

中央玄関
天皇や外国の大統領などのための玄関

向かって右側は参議院（任期6年、解散はない）

向かって左側は衆議院（任期4年、解散がある）

議員が国会議事堂に入るときには、かならず議員バッジをつけなければならない

賛成が多い＝可決

反対が多い＝否決

衆議院へもどす
出席議員の3分の2の賛成があれば再可決となり、法案は成立する

○○法成立
○年○月公布
○年○月施行

※衆議院には解散があって、任期が参議院より短いので、選挙の回数が多い。このため、衆議院のほうに強い権限がある。先に参議院で可決された法案が衆議院で否決されたばあいには、審議はそこでおわりになる

国会議員のある1日

国会議員は、わたしたち国民の代表で、国民の声を聞いて、みんなが安心でゆたかにくらせるようにさまざまな仕事をします。どんな1日をすごしているのでしょう。

議員会館の自分の事務室にいく

議員会館は国会議事堂のすぐそば。議員ひとりひとりに、専用の事務室がわりあてられている

政策の勉強会

たいていは、朝ごはんを食べながら、政策のことを勉強する

委員会

・本会議のまえに、予算や法案について専門的に調べ、くわしく話しあう
・国会議員は、かならず1つ以上の委員になる
・衆議院・参議院それぞれ17以上の委員会がある（予算委員会、環境委員会、文部科学委員会など）
・委員会は、委員の半分の出席があればひらかれる

本会議

・衆議院・参議院、それぞれ議員全員の会議
・議員全体の考えをここで決定する
・議員の3分の1の出席があればひらくことができる
・出席しなくてはいけない日数はきまっていない
・休むときは「欠席のおねがい」を出す
・参議院は、月・水・金の午前10時から、衆議院は火・木・金の午後1時から本会議がひらかれる
・通常国会の会期は150日

昼ごはん

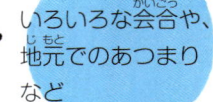

いろいろな会合や、地元でのあつまりなど

国会議員の3つの特権

1 不逮捕特権
国会議員は、国会がひらかれているあいだは逮捕されない

2 免責特権
国会での発言や、しめした賛成・反対の責任は、国会の外では問われない

3 歳費特権
国会議員は、きまった額を、国のお金からうけとる権利がある

国会議員の給料

国会議員の立場は「国家公務員特別職」といい、その給料は、法律できまっている。
月給：約130万円
ボーナス：6月310万円、12月328万円（2023年）
調査研究広報滞在費毎月100万円
秘書の給料は3人まで国が支払う
ほかにもJRの運賃が無料になる「特殊乗車券」や海外視察代などがある

※しくみ20「市議会」（91ページ）も読んでみよう

自転車

道路には、人が歩く道、自転車が走る道、自動車が走る道があります。自転車用道路がないばあい、自転車はどこを走ればいいと思いますか？

1950年代、日本では自動車が急激にふえました。同時に事故もふえて、「交通戦争」ということばが生まれました。1970年には、交通事故での死者が1万6765人（人口10万人あたり14人）という、最悪の人数となりました。当時、自転車は車道を走ることになっていましたが、自転車と車の事故が多くなったため、歩道を走ってもよくなりました。

その後30年のあいだに、自転車はどんどんふえていきました。こんどは、歩いている人と自転車とのあいだの事故がふえて問題になり、2008年に「自転車は基本的に車道をとおらなければならない」と、法律が変わりました。

でもやっぱり、自転車にのって車道を走るのはこわいと感じます。また、歩道を走るルールを守らない自転車は、歩行者にとってはたいへんきけんな「車」です。どちらも、まるで自転車を「じゃまもの」にしているように思えます。

しくみ29「道」（131ページ）で見たように、道路は政治と深くかかわりがありました。道路のつくりかた、使いかたで、町のデザインも変わります。

自転車を「じゃまもの」にしない町のヒントが、ヨーロッパの町にありました。オランダのアムステルダムやドイツのミュンスターでは「脱車社会」をめざしています。都市に入る車から税金を多くとったり、1台の車をみんなで共有するカーシェアリングをすすめたり、自転車の貸しだしをしたりしました。そして自転車専用道路をととのえました。

その結果、交通渋滞や交通事故がへっただけでなく、CO_2（二酸化炭素）の排出量をへらしたり、ガソリンの使用量をへらしたり、市民の健康状態がよくなったりしました。

ここでいちばんだいじなのは、ちょっと不便な町のありかたをデザインして政治がおこなわれ、それにたいして、そこに住むみんながそれを支持しているということではないでしょうか。

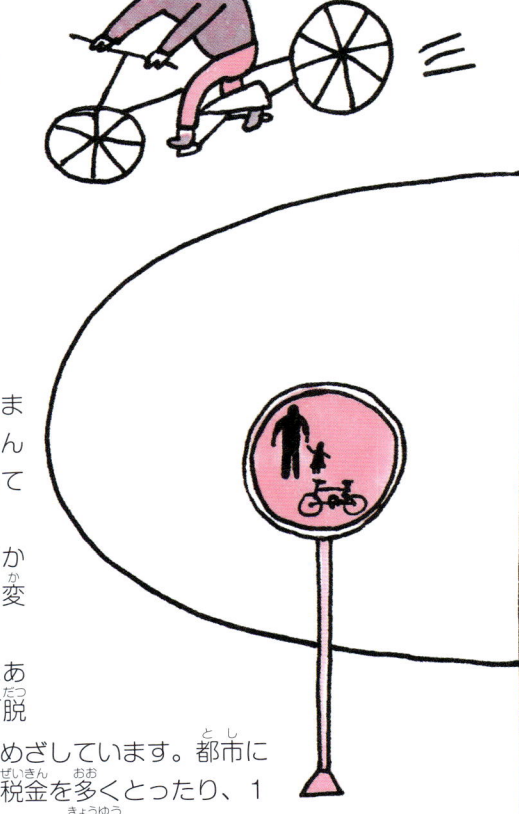

※2024年からはけいたい電話を使用しながらの運転など、自転車の「ながら運転」に、刑務所に入ることをふくむ重い罰則がかせられるようになった

社会の しくみ図鑑 川柳カルタ

い
ばるけど
兄ちゃんだって
児童だよ

姉 さんは
なにがあろうと
スマホといっしょ

教 科書を
もらえる国に
ぼくはすむ

給 食が
一時間めなら
いいのにな

学 校は
ときどきすきで
ときどききらい

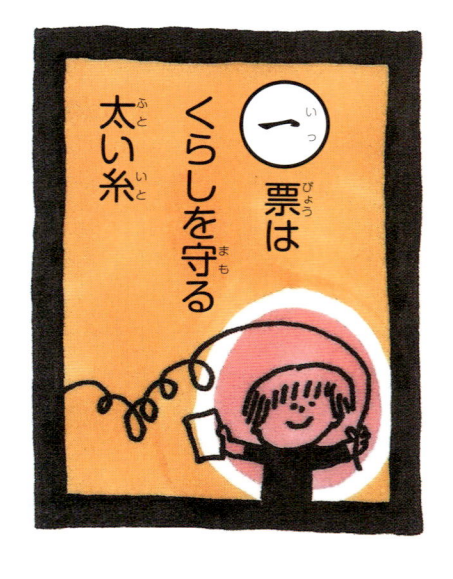

一 票は
くらしを守る
太い糸

熱 き湯に
手を入る彼は
罪人か

百 円で
買うのは夢か
いやゴミか

お いしそう
お寺で修行
しょうかな

す てるから
モノがゴミへと
名を変える

円 とドル
高い安いと
大さわぎ

暦 には
人のくらしが
見えかくれ

夏 休み
先生はいっしょに
あそべない？

む かしにも
やっぱりいたの
本の虫

こ のカード
明日の不安を
軽くする

災 害は
しくみでそなえる
どんとこい

七 草は
体をいやす
おまじない

153

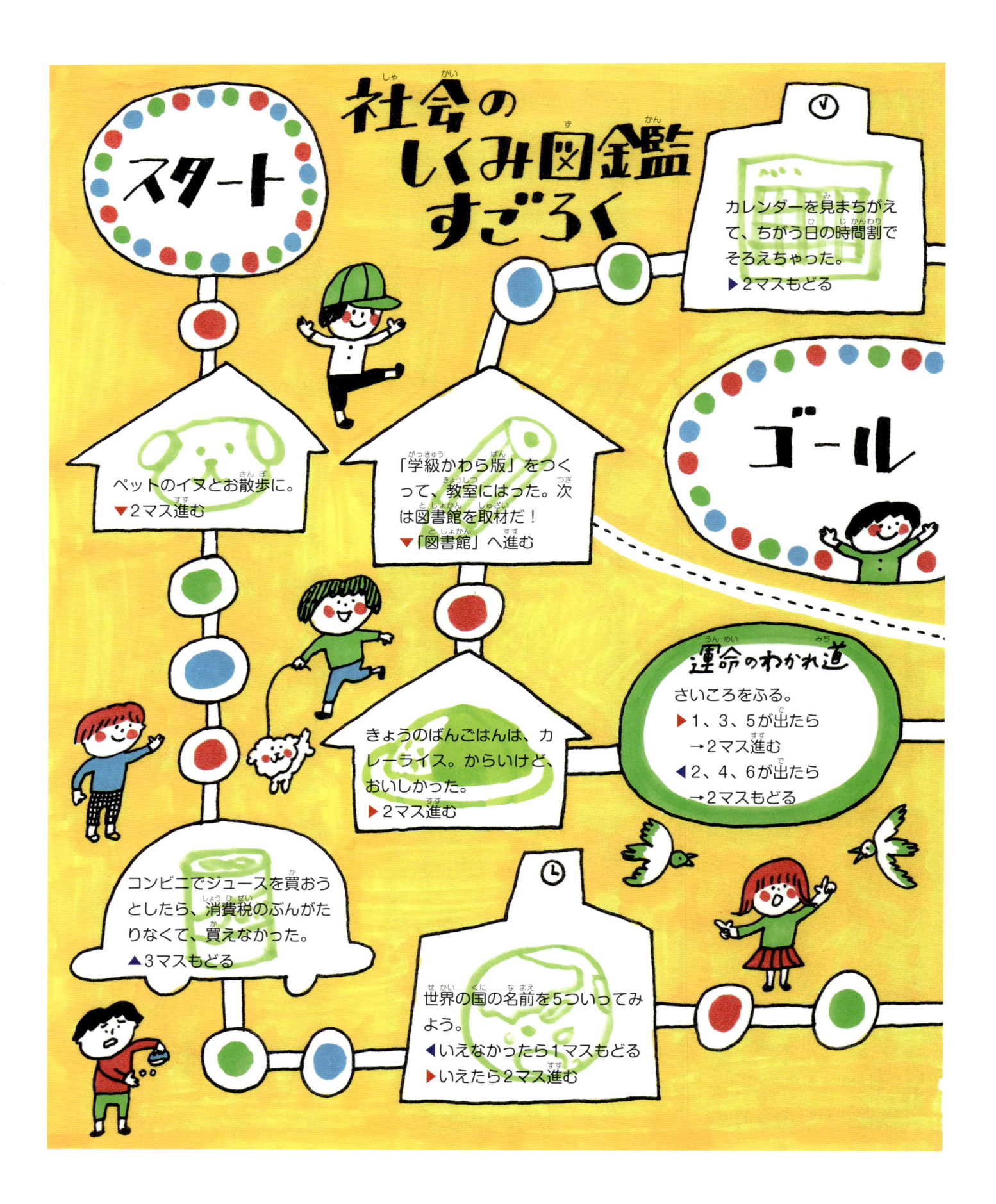

社会のしくみ図鑑すごろく

スタート

ゴール

ペットのイヌとお散歩に。
▼2マス進む

「学級かわら版」をつくって、教室にはった。次は図書館を取材だ！
▼「図書館」へ進む

カレンダーを見まちがえて、ちがう日の時間割でそろえちゃった。
▶2マスもどる

きょうのばんごはんは、カレーライス。からいけど、おいしかった。
▶2マス進む

運命のわかれ道
さいころをふる。
▶1、3、5が出たら
→2マス進む
◀2、4、6が出たら
→2マスもどる

コンビニでジュースを買おうとしたら、消費税のぶんがたりなくて、買えなかった。
▲3マスもどる

世界の国の名前を5ついってみよう。
◀いえなかったら1マスもどる
▶いえたら2マス進む

スマートフォンのバッテリーが切れた。
●1回休み

かぜをひいてダウン。お医者さんで薬を処方してもらった。
●1回休み

国会議事堂を見学に。お弁当はおにぎり！
▲おにぎりのマスへ

図書館に本を借りにいった。読み聞かせの会があって、楽しかった。
▶1マス進む

救急車は、急病人を病院まで運ぶ。
▶5マス進む

ラッキーチャンス！
全員でじゃんけん。
▶勝った人は3マス進む

給食タイム。きょうのデザートはフルーツポンチ！
▲うきうき気分で2マス進む

155

さくいん

■著者

おおつかのりこ（大塚典子）

北海道大学文学部英米文学専攻卒業。著書に『元号ってなんだろう　大化から令和まで』（岩崎書店）、「感染症と人類の歴史（全3巻）」（文研出版）、「日本防災ずかん（全4巻）」（あかね書房）、訳書に『じぶんのきもち　みんなのきもち』『死について考える本』（いずれもあかね書房）、『レイチェル・カーソン物語　なぜ鳥は、なかなくなったの？』（西村書店）など。日本国際児童図書評議会（JBBY）会員、やまねこ翻訳クラブ会員。

奥澤朋美（おくざわともみ）

成蹊大学文学部英米文学科卒業。米国ノースウェスタン大学メディル・スクールにて広告学修士取得。広告代理店勤務の後、ビジネス書の下訳や、ビジネス文書の実務翻訳を手がける。共訳書に『戦略サファリ』（東洋経済新報社）、『ひらめきが世界を変えた！　発明大図鑑』（岩崎書店）、翻訳協力に『世界の食用植物文化図鑑　起源・歴史・分布・栽培・料理』（山本紀夫監訳、柊風舎）、共著に「キッズ生活探検　おはなしシリーズ」（玉川大学出版部）など。

菅原由美子（すがはらゆみこ）

青山学院女子短期大学専攻科国文専攻卒業。学童クラブ勤務。著書に『ぼくらは未来を食いつぶす？』『ケータイのしくみ』『日本は世界で何番目？　2　家族・教育・労働』『日本は世界で何番目？　5　平和と安全』（いずれも藤田千枝編、大月書店）、『子どもの「なぜ」に答える3　自然のふしぎ』（藤田千枝監修、フレーベル館）、共著に『くらべてわかる世界地図3　ジェンダーの世界地図』（藤田千枝編）、『原発・放射能図解データ』（野口邦和監修、いずれも大月書店）など。科学読物研究会会員。

■画家

のだよしこ

大阪芸術大学芸術学部美術学科卒業。ボローニャアカデミア美術学校卒業。今はイタリアのボローニャ在住。白いもじゃもじゃの犬とくらす。2007年・2010年ボローニャ国際絵本原画展入選。著書に『Gli omini degli alberi』（木と小人の本、Corraini）、『PON PON PON』（白いもじゃもじゃの犬の絵本、株式会社East）、『とんとんとんおとがしますか』（木坂涼文、福音館書店）など。
ヨッチログ：yoccilog.blogspot.com

協力：青山新吾（ノートルダム清心女子大学人間生活学部児童学科）
DTP協力：オーノリュウスケ（Factory701）

編集・制作：株式会社本作り空 Sola
solabook.com

イラスト案内

社会のしくみ図鑑 改訂新版

2015年5月15日　初版第1刷発行
2025年1月25日　改訂新版第1刷発行

著　者―――おおつかのりこ・奥澤朋美・菅原由美子
画　家―――のだよしこ
発行者―――小原芳明
発行所―――玉川大学出版部

　　　　　　〒194-8610　東京都町田市玉川学園6-1-1
　　　　　　TEL 042-739-8935　FAX 042-739-8940
　　　　　　www.tamagawa-up.jp
　　　　　　振替：00180-7-26665
印刷・製本――株式会社明光社印刷所

乱丁・落丁本はお取り替えいたします。

©Noriko Otsuka, Tomomi Okuzawa, Yumiko Sugahara, Yoshiko Noda
2025　Printed in Japan
ISBN978-4-472-06034-2 C8630 / NDC302